❧ ❧ ❧ l'esprit d'ouverture ❧ ❧ ❧

Vous avez aimé ce livre ?

Venez nous en parler sur la page Facebook de l'Esprit d'ouverture :

www.facebook.com/esprit.douverture

Inscrivez-vous à la newsletter : recevez des informations en avant-première sur les nouvelles parutions, découvrez les coups de cœur du directeur de collection, Fabrice Midal, et participez aux jeux-concours et autres surprises exclusives. Connectez-vous sur :

www.espritdouverture.fr, rubrique newsletter.

LE MÉPRIS CIVILISÉ

DU MÊME AUTEUR

La peur de l'insignifiance nous rend fous, Belfond, 2013 ;
Pocket, 2016

Vous pouvez consulter le site de l'auteur
à l'adresse suivante :
http://people.socsci.tau.ac.il/mu/carlo/

CARLO STRENGER

LE MÉPRIS CIVILISÉ

Traduit de l'allemand
par Pierre Deshusses

belfond

Titre original :
ZIVILISIERTE VERACHTUNG
Eine Anleitung zur Verteidigung unserer Freiheit
publié par Suhrkamp Verlag AG, Berlin

Retrouvez-nous sur
www.belfond.fr
ou www.facebook.com/belfond

Éditions Belfond,
12, avenue d'Italie, 75013 Paris.
Pour le Canada,
Interforum Canada, Inc.,
1055, bd René-Lévesque-Est,
Bureau 1100,
Montréal, Québec, H2L 4S5.

ISBN 978-2-7144-7110-9

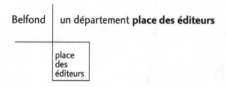

Belfond | un département **place des éditeurs**

place
des
éditeurs

Avant-propos

Cela faisait longtemps que j'avais envie d'écrire un essai sur le droit et le devoir qu'a le monde libre de défendre ses valeurs fondamentales. J'ai rédigé ce texte à la fin de l'été 2014. Ma motivation première était de faire pièce à la tendance relativiste du politiquement correct qui dit que toutes les positions, tous les credo et tous les modes de vie méritent le même respect. À mon avis, ce respect ne s'appuyant souvent sur aucune réflexion a ôté à bon nombre de personnes animées de conviction libérale le courage de s'engager avec force en faveur des valeurs fondamentales de ce que l'on appelle la société ouverte : liberté, droit à la critique et franche discussion. Le danger que j'y voyais alors et que j'y vois d'autant plus aujourd'hui, c'est que les partis et les groupes d'extrême droite reprennent le rôle laissé vacant par les défenseurs du monde libre, tout en sapant à coups de déclarations xénophobes et de peurs soigneusement entretenues les valeurs des Lumières, celles-là mêmes qu'il convient pourtant de défendre et qui ont humanisé nos sociétés au cours des derniers siècles.

Le 7 janvier 2015, Chérif et Saïd Kouachi pénètrent dans les locaux de *Charlie Hebdo* et tuent onze personnes : des caricaturistes, des journalistes, un employé du journal qui était à l'accueil, un « invité » et un policier affecté à la protection des personnalités. Dans leur fuite, ils tuent aussi un policier patrouillant à l'extérieur, Ahmed Merabet. Deux jours plus tard, Amedy Coulibaly tue quatre personnes lors d'une prise d'otages dans un supermarché casher. À ce moment-là, mon travail sur cet essai était déjà très avancé et, tout comme mes éditeurs, j'ai eu l'impression que cet ouvrage intitulé *Le Mépris civilisé* avait justement été écrit pour des cas pareils : lorsque la liberté de la presse et la liberté de pensée sont attaquées, mais aussi lorsque des personnalités politiques comme Marine Le Pen et des groupes islamophobes comme Pegida tentent sans vergogne d'instrumentaliser à leurs propres fins des tragédies telles que celle de *Charlie Hebdo*.

Parmi les nombreuses manifestations de solidarité que l'on a pu voir durant ces journées de janvier, autant en France que dans d'autres pays du monde, celle qui m'a le plus touché fut une affiche portant l'inscription suivante :

JesuisCharlie
JesuisAhmed
JesuisJuif

Ces quelques mots montraient clairement que la liberté, mais aussi le droit à la critique et à la satire, ne sont l'apanage d'aucune ethnie, d'aucune nation ni d'aucune religion, mais appartiennent à l'humanité tout entière.

Cet essai est dédié à la mémoire des victimes des attentats à Paris.

Quand la culture occidentale marque contre son camp

Depuis le 11 septembre 2001, au moins, l'Occident est confronté à une question dont on pouvait penser qu'elle n'était plus d'actualité : comment doit-il et peut-il défendre ses valeurs fondamentales ? La fin de la guerre froide avait pourtant suscité l'espoir largement partagé que l'histoire, comprise comme champ de bataille de vérités et d'idéologies, relevait désormais du passé et que la démocratie libérale était en train de conquérir la planète sans avoir besoin de recourir à la violence. Cette prophétie, exprimée après la chute du Mur de Berlin par le politologue américain Francis Fukuyama[1], ne s'est, hélas, pas réalisée. Nous n'avons pas assisté au début d'une ère de paix éternelle ; au contraire, le carnage a continué – bien que sous d'autres auspices. La Yougoslavie est devenue, lors de son démantèlement, le théâtre d'épurations ethniques qui ont failli prendre l'ampleur

11

d'un génocide, comme ce fut finalement le cas au Rwanda en 1994, et retransmis en direct sur CNN. Le processus de paix au Proche-Orient – pourtant près d'aboutir en 1993 grâce aux accords d'Oslo signés, entre autres, par Yitzhak Rabin et Yasser Arafat – a échoué face au fanatisme de colons israéliens qui ne voulaient pas céder un seul pouce de Terre promise et à l'intransigeance du Hamas qui ne voulait pas renoncer à un seul pouce de la Grande-Palestine. Et cinq ans plus tard le sang juif et palestinien coulait de nouveau à flots. Aujourd'hui, le monde islamique est dominé par des mouvements fondamentalistes d'obédience autant sunnite que chiite ; les Syriens et les Irakiens s'entredéchirent dans des proportions effroyables. Le besoin qu'a l'homme de disposer d'identités claires et de vérités absolues a balayé l'espoir d'une nouvelle ère cosmopolite. Les religions ont fait leur retour sur la scène de l'histoire internationale et le pronostic du politologue Samuel Huntington[2] annonçant que la guerre froide allait être relayée par un choc des cultures (marquées par les religions) semble beaucoup plus réaliste que la thèse de Fukuyama proclamant la fin de l'histoire des idées politiques et le triomphe de la démocratie libérale, incarnation de la raison humaine.

Les conflits qui nous opposent à des gens ayant d'autres visions du monde sont de nouveau d'une brûlante actualité ; la politique expansionniste de Vladimir Poutine n'a jusqu'à présent guère rencontré de résistance dans le monde occidental. Les organisations djihadistes comme al-Qaida et l'État islamique ont officiellement déclaré la guerre à l'Occident. Quant à la Chine, elle semble viser la suprématie en Asie du Sud-Est. D'après certains politologues, nous allons assister à une concurrence entre différents types de régimes[3] : l'autocratie à la Poutine, le capitalisme dans le cadre d'un système de parti unique, des régimes théocratiques dominés par des clans comme en Arabie Saoudite et dans les États du Golfe, des autocraties modérées comme à Singapour par exemple, des variantes néosocialistes en Amérique latine, etc. – lesquels sont néanmoins tous préférables au chaos total qui s'est emparé d'une grande partie de l'Afrique et de l'Amérique centrale, où des seigneurs de la guerre et des organisations mafieuses font régner la terreur. La démocratie libérale et l'idée des droits universels de l'homme, qui revendiquent l'indépendance face à la religion, la nationalité, le sexe et l'orientation sexuelle, n'ont finalement pas conquis le monde, même si, dans les années 1990, tout portait à croire que l'effet domino de la démocratisation ne pouvait plus être arrêté[4]. (Cela étant dit, il ne faut quand même pas oublier que la plus grande partie de l'humanité serait prête à échanger à tout moment son statut contre celui des plus pauvres et des plus démunis des Européens, Américains, Canadiens ou Australiens, raison pour laquelle des dizaines de milliers d'individus risquent chaque jour leur vie pour quitter l'Afrique et venir en Europe.)

Dans ce contexte, il est étonnant de voir à quel point nombreux sont ceux qui en Occident ont du mal (surtout à gauche sur l'échiquier politique) à défendre sérieusement leur mode d'existence. Comme si le seul mérite quantifiable et présentable de l'Occident consistait à pratiquer l'aide au développement et à obtenir un revenu par tête dont le reste du monde, y compris la Chine, ne peut que continuer à rêver. Quant aux rares tentatives d'autodéfense observées ici ou là, elles sont souvent très problématiques, comme va le montrer l'exemple suivant.

Je suis en général très fier de la culture politique de la Suisse, pays où je suis né et où j'ai grandi, et je n'ai pas la moindre envie de renoncer à ma nationalité. Lorsqu'en 2007 le parti xénophobe UDC (Union démocratique du centre) a lancé une initiative populaire contre la construction de minarets, j'avais du mal à imaginer que les Suisses (à l'époque il n'y avait que trois ou quatre minarets dans tout le pays) allaient approuver cette initiative. Ce qu'ils firent pourtant en 2009. Il devait y avoir un problème quelque part. Les Suisses étaient-ils à ce point inquiets pour leur culture politique et leur identité nationale qu'ils se sentaient menacés par quelques minarets (présentés sur les affiches du comité d'initiative sous forme de missiles) ? Il n'y avait pas lieu d'être surpris, pourtant. Avais-je oublié que l'UDC constituait depuis 2003 la plus grande fraction au Conseil national, l'une des deux chambres, qui représente la population à l'Assemblée fédérale suisse ? Et, surtout, que nous n'étions pas du tout une exception ? En effet, lors de l'élection présidentielle française de 2002, le représentant de l'extrême droite, Jean-Marie Le Pen, avait distancé le candidat socialiste Lionel Jospin au premier tour, parvenant ainsi à se maintenir au second tour contre Jacques Chirac. Certes, il n'avait pas réussi son pari d'accéder au pouvoir, mais il avait prouvé que son parti n'était plus un phénomène marginal – évolution qui s'est amplifiée avec sa fille, Marine Le Pen, devenue entre-temps une candidate sérieuse pour la prochaine présidentielle de 2017. Il ne faut pas sous-estimer la montée de la droite en Europe : la xénophobie, l'islamophobie ont fait tache d'huile et l'on voit grandir partout en Europe la peur face à l'avenir. En Allemagne, le livre de Thilo Sarrazin paru en 2010, *L'Allemagne disparaît*[5], où l'auteur affirme entre autres que dans quelques décennies il y aura en Allemagne une majorité de musulmans, s'est vendu jusqu'ici à 1,5 million d'exemplaires, et c'est l'un des plus grands best-sellers de non-fiction depuis la création de la République fédérale. Les peurs exprimées par Sarrazin ne sont pas totalement infondées dans la mesure où la population allemande se réduit de façon importante (on assiste au même phénomène dans la plupart des pays européens), ce qui signifie que l'économie ne pourrait plus du tout fonctionner sans l'apport de l'immigration. Mais nombre de thèses défendues par Thilo Sarrazin (« l'infériorité » génétique des immigrés musulmans, par exemple, qui les empêcherait de s'élever au-dessus du niveau des couches les plus basses de la société) ont été réfutées par des experts qui les considèrent comme totalement arbitraires[6]. Il est possible que Sarrazin ait mis le doigt sur des points importants, mais en fin de compte le succès de son livre vient davantage du fait qu'il joue avec la peur de l'étranger que de la pertinence et de la cohérence de son argumentation.

Le grand malaise qui prévaut en Occident – surtout en Europe – et qui se manifeste par la montée des partis de droite, le développement de l'islamo-phobie et de la xénophobie, a un fondement bien plus profond. Ce malaise, tel est le point de vue que je soutiens, tient au fait que la plupart des Européens ne sont plus en mesure, pour défendre leur culture, de présenter des arguments solides allant au-delà de la simple efficacité de leurs économies et de la paix politique et sociale qui, en Occident et au cœur du continent, a pu en effet être préservée depuis pratiquement la fin de la Deuxième Guerre mondiale. Dans certains cas, cette incapacité à valoriser la culture occidentale se mue en une sorte de désespoir dont l'illustration la plus marquante est donnée depuis bientôt vingt ans par l'œuvre de Michel Houellebecq. Pour lui, les Lumières sont synonymes de faillite, et la modernité occidentale sombre dans une orgie de consommation et d'auto-anesthésie où la vacuité des divertissements le dispute à la malbouffe. Il y aurait bien encore la possibilité de rejoindre la tradition catholique, comme dans *Soumission*[7] où l'antihéros de Houellebecq cherche désespérément dans un couvent une illumination religieuse qu'il ne trouve pas au fond de lui-même. Pour Houellebecq, la conséquence logique est qu'il ne reste d'autre choix à la France que de se vendre à l'islam.

C'est cette incapacité à défendre de façon

argumentée son propre mode d'existence et ses valeurs, qui ouvre la voie aux partis de droite tournés vers le passé, dont les programmes tournent tous autour de l'idée que la France appartient aux Français, l'Allemagne aux Allemands, et la Suisse aux Suisses. Il ne s'agit pas de dénier à quiconque le droit d'aimer sa culture et de veiller à sa préservation, mais le nationalisme ne constitue pas l'essence de l'Occident, au contraire : il est l'une de ses inventions les plus destructrices.

La notion d'Occident remonte à la période où l'Empire romain s'est scindé en deux : une partie occidentale avec Rome pour capitale et une partie orientale ayant Constantinople pour capitale. Cette origine lui confère une double identité : religieuse mais aussi politico-culturelle[8]. Avec l'avènement de l'Islam qui, à son apogée, s'étendait de manière quasiment ininterrompue sur un territoire allant de l'Espagne à l'Asie centrale et l'Afghanistan en passant par le Maghreb, la notion d'Occident est pratiquement devenue synonyme de christianisme, et cette connotation religieuse garde encore aujourd'hui une grande importance. Mais cette notion et l'évidence de la zone géographique ainsi délimitée ont connu de profondes transformations depuis le XVIIIe siècle. Les Lumières, qui s'enracinent dans la Renaissance, se sont cristallisées au cours du XVIIe et du

XVIIIe siècle en un phénomène élitaire. Leur préoccupation centrale était, comme l'a exprimé Kant de façon éclatante, la libération de l'homme de son immaturité dont il est lui-même responsable. Pour reprendre les termes d'Ernst Bloch, il s'agissait pour l'homme de se débarrasser de la peur et de la dépendance face à des autorités extérieures, qu'elles soient religieuses ou politiques, de proclamer son autonomie et de « marcher debout », la mentalité de soumission étant relayée par l'esprit de critique. C'est au cours du XIXe siècle que les Lumières ont le plus radicalement transformé l'Occident. Et le domaine où il a enregistré ses plus grands succès et où il puise ses plus forts arguments pour affirmer son exigence d'universalité fut, incontestablement, la révolution scientifique qui fit partout table rase du passé et permit à l'Occident, en l'espace de deux siècles, grâce à sa supériorité technologique, d'abandonner son statut de civilisation menacée pour s'engager dans la conquête du monde. À la fin du XIXe siècle, les États occidentaux dominaient les trois quarts du globe et leur supériorité sur les mers était incontestée. Deux siècles plus tôt, une telle chose aurait été difficilement imaginable : en 1683, les troupes de l'Empire ottoman assiégeaient Vienne. Pourtant, en 1798, les Égyptiens devaient assister impuissants à l'avancée de Napoléon qui, à la tête d'une petite armée, prenait possession de leur pays. Les Français furent ensuite chassés par les troupes anglaises, trois ans plus tard, mais sans que jamais les Égyptiens eux-mêmes n'aient pu intervenir d'une façon ou d'une autre sur le déroulement de ces événements[9]. L'hégémonie des armées occidentales, tant sur le plan technique que sur le plan organisationnel, était telle que les Britanniques furent en mesure de prendre le contrôle de tout le sous-continent indien sans grand déploiement de forces, ni militaires ni administratives.

Mais l'hégémonie de l'Occident n'est pas seulement fondée sur une supériorité technologique et militaire. Rudyard Kipling parlait dans un de ses poèmes, dont c'est justement le titre, du « fardeau de l'homme blanc », lequel se devait d'apporter les bienfaits de la civilisation au reste du monde – idée partagée par toutes les puissances coloniales européennes. Avec le recul, cette évidence à la fois morale et civilisatrice peut apparaître comme une chimère. Mais il ne faut pas oublier que le mouvement des Lumières, dans son intention de départ, visait à l'universalité, tant en ce qui concerne la quête de la vérité que le désir d'un ordre politique juste. Et ce désir de vérité et de justice a été largement réinterprété au XXe siècle. Après la catastrophe de deux guerres et face aux problèmes de

la décolonisation, les principes des Lumières sont
en effet apparus comme une tentative de rationalisation de l'exploitation impérialiste du monde par
l'homme blanc. Après 1945 commença alors un processus d'autocastration[10] : l'exigence universaliste des
Lumières était reléguée au rang de mensonge culturel fondamental. Désormais, l'Occident était sommé
d'expier ses péchés, non seulement en prenant en
charge la misère du « tiers-monde » décolonisé, mais
en s'interdisant de critiquer tout mode d'existence
et toute croyance, au prétexte que tel groupe ethnique, religieux ou culturel pensait, croyait et vivait
de cette façon. Ce fut l'acte de naissance du politiquement correct. Ses principes fondamentaux sont
l'égalité en droit de toutes les cultures, de tous les
systèmes de croyance et de tous les modes d'existence, ainsi que l'interdiction par principe de critiquer d'autres cultures du point de vue moral ou
épistémologique[11]. Suivant cette logique, l'Occident
était ainsi invité, dans le meilleur des cas, à répondre
financièrement de ses péchés passés en distribuant
des aides au développement. S'il était toujours possible de critiquer les hommes politiques en place,
cela ne devait pas sortir du cadre organisationnel, et
quant à discuter de façon rationnelle des questions
de fond, c'était tout simplement impossible puisque
toutes les opinions et toutes les formes de croyance

devaient être respectées à parts égales. Le politiquement correct devint bientôt la position dominante
de la gauche européenne – et aux États-Unis aussi,
dans une certaine mesure –, entraînant ainsi une
forme d'intimidation intellectuelle qui devint vite
très problématique. Dans de nombreuses universités, la culture occidentale était dénoncée de façon
systématique comme une maladie « phallogocen-
trique » (du grec *phallos* pour pénis et *logos* pour
raison). Pour ses détracteurs, elle était purement et
simplement l'héritage de « *dead white men* » qui,
non contents de vouloir dominer les autres cultures,
dominaient aussi les femmes et toutes personnes qui
ne seraient pas hétérosexuelles[12].

Il aura fallu une succession de crises et d'événements tragiques pour que l'Occident soit de
nouveau contraint d'affronter la question de ses
propres valeurs et de son mode d'existence et surtout celle de son droit à les défendre. Le 11 septembre 2001, le plus grand acte de terrorisme de
l'histoire humaine a entraîné la destruction des
tours jumelles du World Trade Center à New York,
percutées par deux avions de ligne détournés par
des terroristes et transformés en engins de mort.
Le 11 mars 2004, 191 personnes périrent et 2 000
autres furent blessées dans des attentats perpétrés
par des terroristes islamistes à la gare d'Atocha à

Madrid. Le 7 juillet 2005, 56 personnes trouvèrent la mort dans une série d'attentats parfaitement minutés visant les transports publics à Londres, métro et autobus. Le gouvernement conservateur américain trouva une réponse immédiate et claire à l'attentat du 11-Septembre : il déclara la guerre au terrorisme et à ce qu'il appelait « l'axe du mal » accusé de vouloir détruire la liberté occidentale. Quelques semaines après le 11-Septembre, le régime des talibans était renversé en Afghanistan. Au prétexte que le dictateur Saddam Hussein poursuivait en secret un programme de développement et de production d'armes de destruction massive, des troupes américaines et britanniques envahirent l'Irak – en dépit d'une vague de protestations dans la plupart des pays européens –, soutenues par ce qu'on a appelé « *the coalition of the willing* ».

Quelque quinze ans plus tard, force est de constater que la guerre menée par George W. Bush contre le terrorisme a été un fiasco total. L'Afghanistan est plongé dans le chaos tandis que l'Irak menace de se démanteler. Tout cela a créé un dangereux vide politique. L'Irak et la Syrie sont devenus l'épicentre d'une région où émergent des groupements terroristes islamistes radicaux d'une telle importance qu'ils dépassent de loin la portée, la puissance et le contrôle territorial d'al-Qaida en

2001 (alors qu'al-Qaida lui-même est mieux organisé que jamais et opère depuis une zone qui va du Yémen à l'Asie centrale) ; l'État islamique règne sur un corridor allant de l'Irak jusqu'à l'intérieur de la Syrie. Le successeur de Bush, Barack Obama, est contraint de poursuivre la guerre contre le terrorisme, tout en se limitant à des attaques aériennes menées par des drones guidés depuis le territoire des États-Unis. Mais avec guère plus de succès que la guerre d'invasion de George W. Bush.

La question de savoir quelle attitude adopter face au terrorisme islamiste est très complexe. Je participe pour ma part à deux projets dans le cadre desquels on étudie la dynamique de ces organisations terroristes et les motivations de leurs membres, et les résultats obtenus sont loin d'être encourageants : jusqu'à présent, personne n'a pu présenter de système probant capable de stopper l'expansion de tels groupes, et il faut s'attendre à ce que l'Occident soit encore confronté longtemps à ce problème.

Ces échecs successifs soulèvent une autre question, et elle est elle aussi au cœur de cet essai : comment l'Occident peut-il mettre en avant et soutenir les forces de son propre système de valeurs sans trahir du même coup ses idéaux ? Les exemples de Guantánamo et d'Abu Ghraib, ainsi que les pratiques de la NSA en matière d'espionnage international, montrent que le risque est bien réel. Si l'Occident veut défendre ses valeurs et son mode de vie en ne s'appuyant pas seulement sur ses forces militaires, il lui faut se réapproprier les principes des Lumières. L'esprit critique, l'affirmation de l'autonomie individuelle, le rejet des formes d'autorité refusant tout lien contractuel ou toute légitimation discursive et le droit à « avancer debout » sont autant d'idées qui furent certes formulées en Occident mais qui ne sont pourtant liées de façon essentielle à aucune ethnie, aucune couleur de peau ni aucune religion. Le projet des Lumières n'est pas le seul fait de penseurs occidentaux, d'autres y ont collaboré, et ses principes ne sont pas considérés comme pertinents – ou du moins attirants – uniquement en Europe et en Amérique du Nord. Sauf que, soumise au politiquement correct et trop occupée à continuer de se flageller pour les péchés du passé, une grande partie de la gauche européenne et américaine ne défend plus avec constance et fierté les piliers des Lumières[13].

La défense de notre culture se retrouve donc pour ainsi dire externalisée, laissée à la droite. Après le 11-Septembre, George W. Bush a parlé sans vergogne de « notre liberté » et de « notre mode d'existence ». En Europe, seuls les représentants de certains partis de droite semblent se sentir à l'aise dans ce rôle de défenseurs des libertés. Les effets sont dévastateurs parce que, au lieu de mettre en avant les fondamentaux des Lumières, la droite insiste sur les caractéristiques et les intérêts nationaux et, de ce fait, mise exactement sur la fameuse tactique qui, dans la première moitié du XXe siècle, a plongé l'Europe dans l'enfer et la barbarie. La menace représentée par les terroristes islamistes ou l'agressivité de la politique étrangère russe est une chose, mais la manière dont on aborde les dangers intérieurs et extérieurs recèle aussi des risques. Il faut apprendre à réagir de telle sorte que ce ne soit pas la droite qui finisse par tirer profit de cette situation, avec sa tendance à la xénophobie, au racisme et sa propension à dénigrer certains groupes nationaux, religieux ou culturels. La chose ne peut être évitée que si la gauche et le centre s'engagent à défendre ensemble les valeurs fondamentales du monde libre. Or c'est justement cette gauche qui, depuis des décennies, est paralysée par l'impératif du politiquement correct où toute critique d'autres cultures est aussitôt assimilée à un impérialisme eurocentrique.

La thèse centrale de cet essai peut donc se résumer ainsi : à se crisper sur le politiquement correct, on perd de vue le principe fondamental des

Lumières, à savoir que rien ni personne n'est au-dessus de la critique. L'idéologie du politiquement correct représente, comme je le montrerai plus tard, une grossière déformation du principe de tolérance formulé par les Lumières. Celui-ci visait à protéger l'individu des attaques politiques ou religieuses qui mettaient à mal sa liberté de conscience ou de croyance ; jamais ce principe de tolérance n'a eu de valeur d'absolution globale pour toutes les pratiques religieuses, philosophiques et culturelles. Mais en transformant et en déformant ce principe, beaucoup de gens de gauche se sont dépossédés eux-mêmes de leur pouvoir : si les autres cultures n'ont pas le droit d'être critiquées, il est de fait impossible de défendre la sienne.

Croire que le politiquement correct allait garantir la cohabitation harmonieuse de cultures différentes s'est révélé être une illusion[14]. Du seul point de vue psychologique déjà, cette attitude n'est absolument pas tenable. Aucun individu ne peut respecter en toute sincérité ce qu'il considère au fond comme immoral, irrationnel ou simplement stupide. Cela mène inévitablement à un manque d'authenticité dans la pensée. La cohabitation de différentes cultures à l'intérieur d'un même cadre politique ne fonctionne pas toujours, et les exemples pour le prouver sont nombreux :

sous l'effet de nettoyages ethniques, l'ancienne Yougoslavie a été émiettée en plusieurs États plus ou moins homogènes ; même la paisible Tchécoslovaquie a été divisée en deux États. Des millions d'émigrants musulmans ne trouvent pas leur place en Europe ; des migrants de la deuxième ou troisième génération partent « en touristes » faire leur djihad en Syrie ou en Irak. Le « multiculturalisme » a cessé de fonctionner comme modèle d'intégration, c'est ce qu'ont récemment fait savoir Angela Merkel et David Cameron. L'exemple contraire souvent mis en avant, les États-Unis, n'a jamais été vraiment multiculturel, selon le politologue Samuel Huntington : les Blancs protestants ont toujours dominé et les autres groupes de la population ont été acceptés s'ils montraient patte blanche et intégraient les règles du jeu de la culture dominante, ce qu'ont réussi à faire les juifs et aussi, au cours des dernières décennies, les émigrants venus d'Asie de l'Est[15].

Par ailleurs, la doctrine du politiquement correct a placé l'Occident dans une situation où toutes les parties ne peuvent plus se battre avec les mêmes armes. En tant qu'idéologie, elle plonge ses racines dans la conviction qu'il est temps que les anciennes puissances coloniales expient les péchés de l'impérialisme, de l'esclavage et du racisme. L'homme blanc – encore un péché ! – (et la femme blanche a aussi fini par en prendre pour son grade) n'aurait pas su apprécier à leur juste valeur les autres cultures, il fallait donc que les choses changent. Il était alors de bon ton, dans les universités, dans les discours politiques et dans les médias, de multiplier les formules de respect ou du moins de renoncer à des formulations pouvant apparaître comme blessantes ou discriminatoires[16]. Mais l'effet boomerang ne s'est pas fait attendre et de nombreux représentants de culture non occidentale au sens strict du terme ne sont absolument pas prêts à respecter un tant soit peu ces règles du jeu. Vladimir Poutine, par exemple, a des mots très méprisants pour l'Occident, qu'il considère comme mou et sans énergie, et il interprète la facilité avec laquelle il a réussi à annexer la Crimée et à étendre son influence dans la partie est de l'Ukraine comme autant de preuves tangibles de la faiblesse des États libéraux. Les prédicateurs musulmans et les rabbins ultraorthodoxes n'ont aucun scrupule à diffamer le libéralisme laïc en le présentant comme un mode d'existence vide, immoral et absurde – mais ces mêmes individus se révèlent très susceptibles dès qu'on ose critiquer leurs dogmes et leurs modes d'existence, et ne trouvent rien à redire quand leurs adeptes réagissent en recourant à la violence. La situation devient alors absurde : l'Occident, à l'origine du principe même de tolérance et sensible aux différences culturelles, est devenu la victime de cette fameuse intolérance que le politiquement correct se targuait de combattre. C'est ce que j'appelle, pour reprendre une expression empruntée au monde du sport : marquer contre son camp.

Au politiquement correct, je propose donc de substituer ce que je nommerai le « mépris civilisé ». Un concept que j'expliquerai plus avant dans cet essai, mais que je définirais comme une capacité à s'inscrire en faux contre des credo, des comportements et des valeurs, dès lors qu'ils nous apparaissent irrationnels, immoraux, incohérents ou inhumains. Ce *mépris* est *civilisé* à deux conditions : il doit d'abord reposer sur des arguments fondés et sur des connaissances scientifiques précises et exhaustives ; c'est le principe même de la formation d'une opinion responsable. En second lieu, il se dirige contre des opinions, des credo ou des valeurs, jamais contre les individus qui les professent. La dignité et les droits fondamentaux de ces derniers doivent toujours être garantis et ne leur être déniés sous aucun prétexte. Il s'agit de « mépriser », sans haïr ni déshumaniser. C'est le principe même de l'humanité. Cela n'a donc, par essence, rien à voir avec l'esprit de l'Inquisition ou des ayatollahs iraniens, dans la mesure où personne n'a le droit d'être privé de liberté, torturé ou condamné à mort en raison de sa croyance, de ses valeurs ou de ses opinions. C'est au contraire témoigner de notre aptitude à maintenir les normes de la civilisation, même face à des systèmes de croyance et de valeurs que nous ne pouvons raisonnablement cautionner.

Le principe du mépris civilisé a des implications psychologiques, culturelles et politiques de grande ampleur[17]. D'un point de vue psychologique, il est bien plus authentique que le politiquement correct. Il ne requiert pas de respect feint chaque fois que le respect n'est en vérité pas de mise. Il nous libère de cette obligation à accepter des formes de pensée contestables sous prétexte que d'autres les préconisent. Dans le domaine de l'art et du discours culturel, il permet de donner une expression non dissimulée et justement articulée (c'est-à-dire ni violente ni humiliante) à un mépris fondé. Enfin, sur le plan politique, le mépris civilisé conduit à une bien meilleure défense de nos valeurs que les doctrines du politiquement correct. L'incident qui nous a montré de façon dramatique toute l'ampleur de ce problème fut l'affaire Salman Rushdie, que nous allons aborder maintenant.

Le cas Salman Rushdie

Le 14 février 1989, l'ayatollah Khomeyni, le chef politique et religieux de la République islamique d'Iran, lance une fatwa appelant tous les musulmans croyants à exécuter l'écrivain britannique Salman Rushdie ainsi que tous ceux qui ont participé de près ou de loin à la publication des *Versets sataniques*[1]. L'imam déclare l'auteur coupable de blasphème envers l'islam, le Prophète Mahomet et le Coran, il lui reproche d'avoir ainsi offensé les sentiments religieux de tous les musulmans. Peu de temps après, une institution iranienne met à prix la tête de Rushdie à hauteur de un million de dollars. La fatwa transforma pour toujours la vie de l'écrivain, obligé désormais de se cacher, de vivre sous protection policière et de changer constamment de domicile. Son traducteur japonais fut assassiné, son traducteur italien grièvement blessé, quant à son éditeur norvégien il ne survécut à ses blessures, après un attentat, que parce que ses assaillants, croyant lui avoir réglé son compte, l'avaient laissé pour mort[2].

Dans la perspective de cet essai, c'est surtout la réaction de l'Occident qu'il est intéressant d'examiner. En toute logique, la Grande-Bretagne et les autres États dont la souveraineté se voyait entachée par cette fatwa lancée par Khomeyni auraient dû réagir de façon virulente. Or, en dépit de quelques gesticulations verbales au début, les réactions furent en fait assez modérées, et l'on s'efforça surtout d'apaiser les esprits. D'un certain point de vue, la chose était compréhensible : les hommes politiques sont souvent obligés de faire des compromis pour garantir la sécurité de leurs concitoyens et maintenir l'ordre public. À l'époque déjà, la Grande-Bretagne accueillait sur son sol des millions de citoyens musulmans et voulait éviter toute escalade. À cela s'ajoutait le fait que les relations de l'Occident avec l'Iran étaient déjà passablement compliquées ; il s'agissait donc surtout de ne pas les envenimer. La situation de Rushdie devint encore plus précaire lorsque la presse à sensation dévoila combien sa protection coûtait aux contribuables britanniques – une raison de plus aux yeux des politiques de réduire la portée de cette affaire et de la laisser se décanter. Sauf qu'il fallut attendre presque dix ans avant que le gouvernement iranien prenne ses distances vis-à-vis de cette fatwa.

Plus surprenante encore et plus décevante aussi que la réaction de la classe politique fut la réaction de nombreux écrivains. Au premier rang d'entre eux on trouve l'essayiste Christopher Hitchens, mort en 2011, qui était pourtant un ami intime de Rushdie, mais qui n'a cessé de critiquer sa position[3]. Il convient ici de préciser que les intellectuels occidentaux se trouvent dans une situation privilégiée : n'assumant aucune responsabilité politique, ils peuvent de ce fait exprimer un avis plus clair sur certaines questions fondamentales. Le PEN Club international eut néanmoins du mal à adopter une ligne cohérente. La prise de position de John Le Carré, auteur de thrillers à succès, a ainsi fait grand bruit ; dans un courrier des lecteurs, il a pris position contre la publication en poche des *Versets sataniques*, disant que personne n'avait « tout bonnement le droit d'offenser une grande religion universelle et d'être ensuite publié sans encourir de châtiment », ajoutant qu'il avait plus peur pour les mains de la femme chargée de trier le courrier chez l'éditeur de Rushdie que pour les émoluments de ce dernier. La querelle gagna

en intensité lorsque John Le Carré se retrouva
lui-même cloué au pilori en 1997 pour avoir eu
recours à des clichés prétendument antisémites
et que Rushdie déclara, dans un autre courrier
des lecteurs, qu'il avait du mal à se montrer soli-
daire de quelqu'un qui avait lui-même pris part
à une campagne semblable contre un autre écrivain ; Le Carré réitéra ses reproches tout en sou-
lignant qu'il avait alors voulu introduire dans le
débat un « ton moins colonialiste et moins arro-
gant[4] ». Ce fut le grand mérite de Susan Sontag,
alors présidente de PEN International[5], de faire
finalement en sorte que ce rassemblement d'écrivains se range du côté de Rushdie et condamne la
fatwa comme une tentative inacceptable de limiter la liberté d'opinion.

Dans la perspective de l'histoire culturelle,
l'affaire des *Versets sataniques* de Rushdie est
symptomatique, mais je voudrais expressément
souligner que je ne défends ici aucune position
eurocentrique et qu'il n'importe pas pour moi
de mettre les droits et les opinions de chrétiens
ou d'athées occidentaux au-dessus de ceux qui
relèvent d'autres ethnies ou religions. Un simple
rappel des origines de celui qui est ici au centre
de ce drame historique devrait déjà suffire à cla-
rifier les choses : Salman Rushdie est né en 1947

à Bombay, quelques semaines avant l'indépendance de l'Inde et la formation du Pakistan ; peu après sa naissance, ses parents émigrent au Pakistan, qui est un pays musulman. À quatorze ans, le jeune Rushdie part étudier dans un collège en Grande-Bretagne, pays dont la reine allait le faire chevalier quelques dizaines d'années plus tard. Rushdie est donc tout le contraire d'un représentant de l'impérialisme européen, son identité est complexe, marquée autant par le sous-continent indien que par l'Occident. Sa famille était musulmane et son père s'appelait Khwaja Muhammad Din Khaliqi Dehlavi. Ce dernier prit néanmoins assez tôt ses distances par rapport à la foi et devint athée ; à l'âge adulte, il changea son nom en Anis Rushdie, marquant ainsi son admiration pour le médecin et philosophe hispano-arabe Ibn Rushd, plus connu en Europe sous le nom d'Averroès. Ibn Rushd, né en 1126 à Cordoue, est entre autres l'auteur de commentaires très importants sur l'œuvre d'Aristote. Son rationalisme fondé sur la logique du grand penseur grec amena Ibn Rushd à entrer en perpétuel conflit avec les autorités islamiques qui dominaient alors l'Espagne du Sud. Dans l'histoire de la philosophie, son importance est énorme, car à l'époque les écrits d'Aristote n'étaient accessibles en Occident que par le biais des traductions de ses œuvres en arabe, qui furent aussi à l'origine de la pensée de Maimonide, le plus grand philosophe juif du Moyen Âge ; de la même façon, le plus grand penseur chrétien de cette époque, Thomas d'Aquin, dut lui aussi recourir à des transpositions latines des écrits d'Aristote à partir de l'arabe.

Dans son autobiographie, *Joseph Anton*, Rushdie écrit que son nom de famille est le premier grand cadeau que son père lui ait fait. Il a toujours considéré ce nom comme un legs ayant décidé de son destin dans la mesure où il a tracé sa voie de libre-penseur ne reculant devant aucune controverse. L'œuvre de Rushdie est à plus d'un titre une façon d'interroger avec amour, mais aussi avec un regard critique et sans ménagement, les deux pays qui ont marqué son enfance, l'Inde et le Pakistan. *Les Enfants de minuit*, le roman qui a propulsé Rushdie sur le devant de la scène internationale et qui lui a valu de recevoir le prestigieux Booker Prize en 1981, est une allégorie de la naissance de l'Inde, qui ressortit au réalisme magique. Dans *La Honte* (1983), il s'intéresse à l'histoire du Pakistan, dans les *Versets sataniques*, à l'islam, la religion qui fut celle de son père, au début, avant qu'il s'en détache, même s'il est resté toute sa vie durant fasciné par cette religion – fascination que Salman a reprise à son compte. Dans *Shalimar le Clown* (2005), il est question du Cachemire. Rushdie n'a jamais renié son amour pour sa région natale, même si le roman, cette forme d'expression à laquelle il a consacré sa vie, est d'origine européenne. Il n'a cessé de se pencher sur les relations tragiques existant entre le sous-continent indien et la puissance coloniale britannique, mais il n'a jamais cédé au stéréotype qui aurait consisté à considérer ses deux pays d'origine comme des victimes de l'impérialisme.

Rushdie fit des études d'histoire au King's College de Cambridge. Un jour, il se rendit compte qu'on avait supprimé un cours sur Mahomet et les débuts de l'islam, faute de participants ; il protesta avec véhémence contre cette suppression, si bien qu'il put bénéficier d'une sorte de cours particulier avec le grand historien et biographe Arthur Hibbert, qui lui apprit beaucoup de choses sur la fantaisie historique. C'est à cette occasion qu'il entendit parler pour la première fois de l'anecdote tirée de la biographie de Mahomet où il est dit que celui-ci n'avait pas recueilli les versets du Coran concernant trois divinités de la bouche de l'archange Gabriel mais du diable. C'est cette histoire qui a inspiré Rushdie et a donné le titre au roman qui allait bouleverser sa vie et le contraindre à la clandestinité. Quand il ne put plus supporter cette existence et qu'il en arriva à la conclusion qu'il était un fardeau pour la Grande-Bretagne, il décida d'émigrer et s'installa à New York en 2000. La trajectoire de Rushdie n'est pas sans parallèle avec celle d'Ayaan Hirsi Ali[6]. Hirsi Ali est née en 1969 à Mogadiscio, capitale de la Somalie, dans une famille musulmane. Son père, un opposant politique, est jeté en prison peu après sa naissance. Alors que ce dernier est toujours incarcéré, sa grand-mère, une musulmane traditionaliste, s'arrange pour faire exciser Ayaan et sa sœur, à l'insu de leur mère. La fillette est soumise à une éducation musulmane très stricte et elle n'a ensuite droit qu'à une formation de secrétaire, sous prétexte qu'elle est une femme. Quand elle atteint ses vingt et un ans, son père arrange un mariage avec un cousin vivant au Canada, dont elle ne soupçonnait même pas l'existence. Pendant le voyage vers l'Amérique du Nord, Hirsi Ali profite d'une escale en Allemagne pour prendre la fuite et demander asile en Hollande. Elle passe sous silence le fait qu'elle a déjà vécu quelque temps en exil au Kenya et qu'elle est arrivée en Hollande via l'Allemagne – une erreur qui lui coûtera cher. En 1997, elle obtient la nationalité néerlandaise. Elle fait des études de sciences politiques, se détourne de l'islam et s'engage ouvertement dans la critique de cette religion. En 2003, elle entre à la Chambre des représentants au Parlement des Pays-Bas sous la bannière du parti libéral. L'année suivante, elle produit avec le metteur en scène Theo Van Gogh le court métrage *Submission (Part I)*, qui stigmatise l'oppression des femmes dans le monde islamique. Van Gogh est assassiné en pleine rue quelques mois plus tard, en novembre 2004, par un fondamentaliste islamiste d'origine marocaine. L'assassin laisse un poignard planté dans le corps de la victime avec une liste de ses futures cibles, où le nom de Hirsi Ali figure en première place.

Celle-ci a déjà reçu des menaces de mort et elle vit cachée depuis longtemps. Comme pour Rushdie, la question des frais nécessaires à sa protection personnelle commence à faire jaser. On ne sait toujours pas si ce fut l'une des raisons qui poussa la ministre hollandaise de l'Intégration et de l'Immigration, Rita Verdonk, à déclarer qu'elle comptait la déchoir de sa nationalité, arguant qu'elle avait donné de faux renseignements lors de sa demande d'asile. Or Hirsi Ali en avait informé la direction de son parti en 2003, elle avait aussi évoqué ce sujet avec la presse en 2004 et la chose était même de notoriété publique depuis 2002[7]. Le gouvernement est ensuite revenu sur cette déchéance de nationalité, mais Hirsi Ali avait déjà décidé d'émigrer aux États-Unis où on lui proposait un poste à l'American Enterprise Institute (AEI), un think tank conservateur. En 2011, elle épouse à Harvard l'historien britannique Niall Ferguson. En 2013, elle prend la nationalité américaine.

Outre les similarités biographiques, les cas de Rushdie et de Hirsi Ali soulèvent toute une série de questions : pourquoi tous deux ont-ils été critiqués en Europe pour des positions expressément protégées par le droit à la liberté d'opinion ? La Grande-Bretagne comme les Pays-Bas ont poussé un *ouf* de soulagement lorsque Rushdie et Hirsi Ali ont décidé d'émigrer aux États-Unis. Pourquoi ces derniers étaient-ils prêts à offrir à ces deux personnes une protection et une nouvelle patrie, alors que les pays européens dont ils étaient pourtant citoyens rechignaient à le faire ? Il n'est guère surprenant que les hommes politiques européens traitent avec beaucoup de circonspection un sujet aussi brûlant et controversé que la critique de l'islam dans la mesure où, en Europe de l'Ouest, le nombre des musulmans par rapport à la population globale tourne autour de 5 % en moyenne. Il s'agit de respecter les sensibilités de tout un chacun (qu'il appartienne à une minorité ou à une majorité). Mais l'ordre libéral repose sur le droit à la liberté d'opinion, dont la défense est l'un des devoirs majeurs des démocraties. Dans *Joseph Anton*, Rushdie souligne plusieurs fois qu'il ne faut pas réduire les *Versets sataniques* à une offense supposée : il s'agit d'un roman complexe à plusieurs niveaux de lecture, d'une œuvre d'art. C'est bien sûr exact, mais ce n'est pas le point crucial. Il est impossible de séparer l'idée de démocratie libérale et les valeurs fondamentales des Lumières d'une part, du droit d'exercer une critique intellectuelle et de publier une satire d'autre part ; il est possible que la sensibilité des individus ainsi critiqués soit blessée, la chose est inévitable, mais ça ne change rien au droit lui-même, cela en fait même partie. Il a fallu plusieurs siècles pour que l'Europe parvienne enfin à transposer cette idée en une réalité juridique et politique. Giordano Bruno a été condamné au bûcher par l'Inquisition en 1600. Spinoza a été excommunié de la communauté juive d'Amsterdam en 1656. Voltaire a plusieurs fois été contraint de fuir pour échapper aux autorités françaises parce qu'il avait critiqué avec virulence l'Église et la monarchie ;

beaucoup se sentaient pris à partie par ses écrits et il lui fallut attendre la fin du XVIIIe siècle et la propagation des idées des Lumières pour qu'il puisse rentrer à Paris, en 1778, où il reçut un accueil triomphal[8].

Il y a un autre détail significatif dans le cas d'Ayaan Hirsi Ali : pourquoi a-t-elle été accueillie à bras ouverts par l'American Enterprise Institute, une fondation de tendance fortement conservatrice ? N'est-il pas préoccupant que ce soit aux partis et aux organisations de droite de protéger la liberté de pensée lorsqu'elle est menacée par des égards déplacés pour d'autres cultures et l'idéologie du politiquement correct ? L'homme politique néerlandais Geert Wilders, situé très à droite sur l'échiquier politique et pourfendeur de l'islam, a déjà reçu de nombreux prix pour son engagement en faveur de la liberté de pensée[9]. Son « parti pour la Liberté », fondé en 2006, est aujourd'hui la troisième force politique des Pays-Bas. Il semblerait que la défense du monde libre ait bel et bien été déléguée à la droite – évolution qui devrait alarmer les libéraux de gauche. Par voie de conséquence, le discours critique – et dans le cas qui nous occupe, la critique de l'islam – ne s'inscrit plus dans le cadre d'une argumentation raisonnée et « civilisée ». Les partis et les groupements de droite porteurs d'une idéologie xénophobe attisent l'islamophobie en recourant à des moyens démagogiques (que l'on pense à l'affiche que j'ai évoquée précédemment et qui, lors d'un référendum en Suisse, montrait des minarets aux allures de missiles).

La naissance du principe de tolérance au temps des Lumières

Le politiquement correct apparaît de plus en plus comme une façon de marquer systématiquement contre son camp, comme on dit au football, et on voit tous les jours comment il paralyse la gauche, mais aussi des forces politiques du centre, dès qu'il s'agit de défendre les valeurs occidentales. Pour bien comprendre comment on en est arrivé là, il nous faut revenir à l'origine d'un principe fondateur des Lumières, souvent confondu avec le politiquement correct : la tolérance, principe énoncé en son temps pour protéger les individus de la tutelle politique ou religieuse[1]. Avant d'aller plus loin, je veux faire ici une parenthèse : si je me concentre sur l'histoire des Lumières en Europe, cela ne signifie pas qu'il n'y a pas eu d'évolutions comparables dans d'autres cultures et à d'autres époques. Il suffit de penser à la première vague des Lumières dans l'Inde du Ve siècle av. J.-C. et qui s'est déroulée plus ou moins en parallèle avec l'apogée de l'Antiquité grecque à Athènes, ou bien à l'ouverture de l'islam à la philosophie classique grecque entre le IXe et le XIIe siècle, ou à la politique religieuse tolérante du grand moghol Akbar, qui a régné durant la seconde moitié du XVIe siècle sur tout le nord de l'Inde[2]. Si je me limite ici aux Lumières modernes qui ont marqué l'Europe et les États-Unis, c'est essentiellement parce que c'est là que se sont développées les notions, les idées, les institutions et les pratiques qui caractérisent aujourd'hui les sociétés libérales. D'un point de vue historique, les Lumières occidentales reposent sur deux piliers : le développement rapide des progrès scientifiques et la Réforme. Le mouvement de la Réforme met en question, à partir du début du XVIe siècle, la domination de l'Église catholique et romaine sur le christianisme en Occident. Il en a résulté ce que l'on a appelé les guerres de Religion, qui ont duré plus d'un siècle et ont trouvé leur acmé dans les horreurs de la guerre de Trente Ans, laquelle a littéralement décimé la population en Europe entre 1616 et 1648, réduisant la population de 75 % dans certaines contrées. La Paix de Westphalie a mis un terme à cette catastrophe. Ces traités ont été à l'origine de l'État moderne, mais ils sont aussi le premier pas vers la liberté de culte et la séparation que l'on a pu faire entre questions politiques et questions religieuses[3].

Il fallut néanmoins attendre encore longtemps avant que ce principe de tolérance trouve son application dans les constitutions et les pratiques politiques, ainsi que l'illustre le destin du *Tractatus theologico-politicus* de Spinoza datant de 1670. Même aux Pays-Bas, l'État le plus libéral du XVIIe siècle, l'ouvrage dut être imprimé en secret avant de pouvoir passer les frontières, caché dans des barriques de harengs à double fond. Officiellement, il ne pouvait être vendu. Il faut dire que, pour l'ordre en place, l'ouvrage était hautement subversif puisqu'il affirmait que la Bible devait être étudiée, analysée et comprise d'un point de vue purement historique. Spinoza y écrit en outre qu'aucun État n'a le droit d'imposer une croyance religieuse à ses sujets, car la foi relève du domaine privé, en conséquence de quoi tout État devrait être fondé sur un contrat social par lequel les citoyens souverains délèguent à l'exécutif (qu'il s'agisse d'un monarque ou d'une forme de gouvernement) le droit et le devoir de défendre leur sécurité, leur liberté et leur propriété – théorie que Spinoza avait reprise à son illustre prédécesseur Thomas Hobbes. Si ces idées nous paraissent aujourd'hui aller de soi, il faut bien se rendre compte qu'elles faisaient l'effet d'une bombe à l'époque. Spinoza lui-même faisait figure de véritable trouble-fête pour nombre de ses contemporains, ne serait-ce que parce qu'il était athée. John Locke, l'un des plus importants représentants du principe de tolérance et auteur de la *Lettre sur la tolérance* (1689), considérait encore que l'athéisme n'était pas une position acceptable ; et même le grand pourfendeur de l'Église et du clergé, Voltaire, le considérait comme un danger pour la culture et la civilisation. Les Lumières initiées par Spinoza et qui visaient une séparation totale et radicale de la religion et de la sphère politique restèrent un phénomène clandestin jusqu'à la fin du XVIIIᵉ siècle, et il fallut attendre la Révolution française pour qu'elles acquièrent droit de cité.

Le principe de tolérance en matière religieuse ne serait toutefois jamais devenu réalité sans le séisme culturel de la révolution scientifique[4]. En l'espace d'un siècle, on a assisté à un saut quantique qui transforma complètement la compréhension de la nature : *L'Optique* de Newton, ses trois lois de la mécanique classique ainsi que les avancées dans les domaines de la chimie,

de l'anatomie et de la physiologie initièrent, au
XVIIe et au XVIIIe siècle, un processus qui déver-
rouilla les lois de la nature à une vitesse folle.
On se rendait compte de façon de plus en plus
nette que la croyance et la science relevaient de
deux formes de connaissance totalement différentes, chose sur laquelle insista aussi Immanuel
Kant, le grand théoricien des Lumières, dans la
seconde moitié du XVIIIe siècle. Chaque fois qu'il
s'agissait de faits ou de propos concernant l'histoire de la Création ou de la nature, on s'aper-
cevait que l'on ne pouvait plus prendre la Bible
au pied de la lettre. Quand celle-ci calculait l'âge
de la Terre en milliers d'années, les géologues de
la fin du XVIIIe siècle pensaient déjà en centaines
de millions d'années ; aujourd'hui, on estime qu'il
s'agirait même de 4,5 milliards d'années. Les théories évolutionnistes du XIXe siècle ont aussi fait
tomber le dernier bastion des religions abrahamiques : l'idée que l'homme occupe une place
métaphysiquement singulière dans la Création. Or
voilà qu'on l'envisageait maintenant comme un
simple élément de la nature, soumis à toutes les
lois de cette dernière[5]. L'Église catholique, qui
avait encore contraint en 1633 Galilée à réfuter
l'image copernicienne du monde et avait interdit
de façon posthume les écrits de Descartes, devait

se rendre à l'évidence : elle menait un combat d'arrière-garde. Au lieu de recourir à l'exégèse biblique pour savoir comment le monde était fait et comment il fonctionnait, on utilisait maintenant des télescopes, on menait des études dans des laboratoires et on recourait à des équations mathématiques. Si les scientifiques du XVIIIe siècle ne formaient encore qu'un vague réseau informel, le développement de la recherche au XIXe siècle transforma les grandes universités en instituts chargés de veiller à ce que toute question touchant à la composition de la nature ne puisse plus être discutée en dehors des règles scientifiques. L'esprit critique des Lumières avait pris le pas sur le pouvoir de la tradition. Dans le sillage de la révolution industrielle, ce revirement se manifesta aussi à travers la transformation radicale de l'économie et de la société.

Le principe de tolérance reposait sur trois grands piliers : primo, le refoulement des autorités religieuses (et donc surtout ecclésiastiques en Europe) hors du champ des questions temporelles ; secundo, le principe de liberté et d'autonomie, que Kant avait mis au centre de sa philosophie morale et que John Stuart Mill identifia comme une des valeurs centrales de la politique : tout individu devait être protégé de l'arbitraire étatique ou ecclésiastique ; tertio, la conviction qu'aucune forme de critique ne pouvait être contrainte au silence par une quelconque forme de répression. Cela ne valait pas seulement pour l'intelligentsia représentée par les philosophes des Lumières, mais aussi pour tous les propos critiques que l'on pouvait trouver dans les romans, les drames ou les journaux satiriques. Car il faut bien garder à l'esprit que, de Swift et Voltaire jusqu'aux actuels journaux satiriques en passant par les sketchs d'un Lenny Bruce, la littérature et le théâtre ont toujours joué et jouent encore un rôle important dans la mise en place et l'évolution d'un ordre libéral.

Colonialisme et guerres mondiales

Les idéaux des Lumières ne sont pas advenus dans une linéarité parfaite, il y eut même des retours en arrière. La Révolution française, qui devait être une fête de la liberté, de l'égalité et de la fraternité, se transforma en une tyrannie[1] – c'est Robespierre qui marqua de son sceau la compréhension moderne de la notion de « terreur » et utilisa systématiquement cette dernière comme un outil de pouvoir. Ce fut ensuite un empereur autocouronné qui entreprit de répandre les principes des Lumières par des guerres de conquête menées en Europe (et en Afrique du Nord). La démocratie libérale n'est donc pas apparue tout de suite comme une évidence. Les politologues estiment à seulement huit le nombre des vraies démocraties au début du XXe siècle. La révolution industrielle n'a pas non plus nécessairement entraîné une propagation des droits de l'homme. Les romans de

Charles Dickens montrent justement la misère des grandes cités industrielles où des travailleurs exploités n'arrivaient à supporter leurs conditions de vie qu'en sombrant dans l'alcool.

Mais le plus grand péché de l'Occident prétendument éclairé et civilisé fut, jusqu'au milieu du XXe siècle, sa propension à répartir de façon très peu égalitaire sur la surface du globe les avantages de la liberté et des droits de l'homme. Depuis le XVIe siècle, les Portugais, les Espagnols, les Anglais et même les Hollandais, pourtant réputés pour leurs idées libérales, considéraient comme un droit naturel de se partager cette Terre dont on savait désormais qu'elle était ronde. La fin (exportation du christianisme, mais aussi importation de matières premières) justifiait presque tous les moyens. Sur des continents entiers, des hommes furent asservis, réduits en esclavage ou massacrés : les Incas et les Aztèques en Amérique centrale et du Sud, les Indiens en Amérique du Nord, les Africains. La couleur de peau de ces derniers permettait facilement, sur la base de rationalisations bibliques, de les traiter comme des sous-hommes[2]. Et dans de nombreux pays d'Europe, les juifs étaient discriminés, opprimés et persécutés. Au cours du XIXe siècle pourtant déjà marqué par les Lumières, ces processus s'accélérèrent

encore : ce fut une course frénétique pour colo-
niser les derniers espaces vierges sur la carte du
monde et les exploiter en recourant parfois à
des pratiques génocidaires. Que l'on pense, par
exemple, à la cruauté du pillage pratiqué par les
Belges au Congo. Quant aux États-Unis, pays
explicitement fondé sur l'esprit des Lumières, ils
continuèrent à importer jusqu'à la fin du siècle
des esclaves d'Afrique subsaharienne.

Ces quelques « détails » mis à part, cette
période marqua l'apogée de l'Europe. Le congrès
de Vienne de 1815 posa les bases d'une période
de stabilité politique sans précédent ; la colonisa-
tion et la révolution industrielle avaient conduit
à une phase de prospérité encore jamais atteinte.
Dans la plupart des pays, la bourgeoisie s'em-
para peu à peu du pouvoir au détriment de la
noblesse ; la haute culture n'était plus soumise
aux faveurs de mécènes religieux ou aristocra-
tiques ; on assistait un peu partout à la création
d'orchestres symphoniques et, dans les grandes
métropoles européennes, à la construction d'opé-
ras d'une splendeur inouïe. Grâce à la création de
nouvelles universités, les sciences (de la physique
à la médecine en passant par des disciplines nouvelles telles que la philologie comparée) disposaient
maintenant d'une infrastructure institutionnelle

qui permit une explosion de la production du savoir. L'Occident pouvait en tirer fièrement la conclusion qu'il n'était pas seulement le centre incontesté du pouvoir mondial, mais représentait aussi la civilisation la plus évoluée de toute l'histoire de l'humanité : incarnation de ce fameux progrès prévu par les penseurs des Lumières[3].

Ce satisfecit que se donnait l'Europe se fracassa à partir de 1914 sur l'horreur des deux guerres mondiales et le processus de décolonisation. Selon l'historien Niall Ferguson, il suffit de comparer deux atlas, l'un datant de 1914 et l'autre de 1980, pour se rendre compte de la différence qui s'est opérée en quelques décennies. Au début du XXe siècle, près des deux tiers des terres du globe étaient sous contrôle occidental ; certes, le Portugal et l'Espagne avaient perdu leurs colonies en Amérique du Sud, mais les puissances occidentales continuaient à être maîtresses du jeu en Afrique, en Australie, en Inde et dans une grande partie du Sud-Est asiatique. Soixante-dix ans plus tard, il ne restait pratiquement plus rien de ces empires. Le symbole qui mit un terme définitif à ce processus fut la rétrocession par l'Angleterre de Hong Kong à la Chine, en 1997.

Le revers était double : en plus d'assister à la disparition de ses empires coloniaux et donc à la perte de son pouvoir et de son influence, l'Europe devait aussi accepter de voir son image sérieusement écornée – elle n'était plus le centre de la civilisation. Durant la « grande guerre » de 14-18 (tel fut son nom jusqu'à la fin des années 1930), l'Europe abandonna son statut de puissance culturelle supérieure pour devenir le continent du chauvinisme et de la technologie barbare, continent finalement abreuvé par le sang de millions de soldats. Et il ne fallut pas attendre trop longtemps pour que cette « grande guerre » soit rebaptisée « Première Guerre mondiale » : la deuxième ne tarda en effet pas à éclater et se révéla encore plus cruelle que la première ; il y eut encore plus de morts, notamment une majorité de civils. Au cours des décennies qui suivirent, l'Europe eut du mal à intégrer ce cataclysme dans l'image qu'elle se faisait d'elle-même. Ce fut en particulier le cas de l'Allemagne, pays à l'origine de cette catastrophe. Si, dans les années 1920 et 1930, les étudiants de Harvard, Oxford ou Yale rêvaient encore d'aller à Tübingen, Heidelberg et Berlin où enseignaient un grand nombre de Prix Nobel, en 1945, le pays était non seulement anéanti par les bombes et occupé par les Alliés, mais il avait aussi perdu son statut de nation culturelle dominante. De nombreux scientifiques émigrèrent aux États-Unis ; le pays maintenant divisé n'était plus seulement préoccupé par la reconstruction économique, mais aussi par la question de savoir comment répondre des crimes nazis. L'historien britannique Tony Judt a montré de façon très convaincante[4] que l'Allemagne était loin d'être le seul pays occidental à devoir faire face à une culpabilité nationale : la France était confrontée au souvenir de Vichy, à la collaboration et à l'assassinat de juifs français ; l'Italie avait elle-même un passé fasciste et avait combattu au côté des Allemands ; en Autriche, l'Anschluss avait été accueilli avec enthousiasme ; à l'inverse d'une idée fort répandue, les Pays-Bas aussi avaient collaboré avec les nazis ; la Pologne avait participé à l'assassinat de millions de juifs quand le pays était occupé – et la liste pourrait encore s'allonger. À cela, il faut aussi ajouter que les pays occidentaux ne se sont pas libérés seuls du joug national-socialiste, ils n'y sont parvenus que grâce à l'aide des Américains.

Le continent tout entier s'est donc retrouvé confronté à une question fondamentale : si Kant, Goethe, Schiller et Beethoven n'avaient pas pu mettre l'Allemagne à l'abri du régime nazi et si des officiers SS écoutaient du Bach pour se détendre ; si Descartes, Racine, Voltaire et Victor Hugo n'avaient pas pu empêcher Vichy ; s'il avait été possible que Dante, Michel-Ange, Monteverdi et Puccini coexistent avec Mussolini, alors il n'y avait plus aucune raison d'accorder à la culture occidentale une quelconque valeur supérieure. À l'origine, l'idéal humaniste n'avait pas été inventé dans le seul but de servir le statut social des classes supérieures de la société ; de Platon à Brahms, la grande culture occidentale était destinée à faire progresser les hommes non seulement sur le plan intellectuel et esthétique mais aussi sur le plan moral[5]. Ce n'est pas pour rien que les Britanniques – non sans une certaine forme d'admiration narcissique – parlaient du « fardeau de l'homme blanc » dont la mission était d'apporter aux « sauvages » les bienfaits de la culture occidentale. D'ailleurs, même l'un des grands penseurs du libéralisme, John Stuart Mill, était opposé à la levée de la domination britannique en Inde, persuadé que jamais les individus là-bas ne seraient en mesure de maintenir seuls le niveau de civilisation apporté par les Anglais. Or, cette mission en apparence désintéressée fut totalement discréditée après 1945 et apparut pour ce qu'elle était vraiment : le prétexte à une exploitation politique et économique. En réalité, l'homme blanc se révélait être le pire des monstres.

L'essor du politiquement correct

Les rares à pouvoir encore affirmer de façon plus ou moins crédible qu'ils avaient résisté à la machine fasciste en Europe de l'Ouest étaient les communistes. Leur assurance affichée était confortée par le fait que la participation de l'Armée rouge avait été décisive dans la victoire contre Hitler et que cette dernière en avait payé le plus lourd tribut. Dès le début, le communisme avait marqué son scepticisme face à la grande culture bourgeoise qu'il n'avait jamais considérée comme un garant d'humanité ou de civilisation. D'un point de vue marxiste, il ne s'agissait là que d'une superstructure masquant les rapports économiques d'exploitation sous un vernis de fausse conscience. Ce n'est pas sans raison que l'Union soviétique – en une terrifiante analogie avec le régime nazi – avait décrété que l'art bourgeois était décadent et l'avait remplacé par le réalisme socialiste censé célébrer et glorifier la révolution prolétarienne et les masses laborieuses. Quoi qu'il en soit, le marxisme-léninisme devint – pour reprendre l'impérissable formule de Raymond Aron – l'opium des intellectuels occidentaux[1] qui, après la banqueroute morale de la Deuxième Guerre mondiale, cherchaient désespérément une vérité à laquelle se raccrocher. Des coryphées tels que Jean-Paul Sartre voyaient dans le socialisme la seule position politico-éthique encore capable de conduire l'homme vers la vérité et la justice. La gauche devint l'instance morale de l'Occident, répétant à l'envi que ce dernier n'avait pas grand-chose à offrir, vu la profondeur des abîmes qu'il avait révélée au moment du fascisme. L'opium marxiste enivra une grande partie des intellectuels de gauche, tant et si bien qu'ils restèrent totalement sourds aux appels de penseurs aussi lucides qu'Arthur Koestler qui, dès les années 1940, avait mis le doigt sur les horreurs du stalinisme, ou Hannah Arendt qui, elle aussi, avait très tôt mis en évidence le socle commun au fascisme et au communisme. La gauche se targuait de clairvoyance et s'obstinait désormais à vilipender la corruption de l'Occident dans une perspective marxiste.

Dans les années 1960 et 1970, cette tendance devint de plus en plus compliquée à assumer.

Même ceux qui avaient continué d'ignorer les critiques de Khrouchtchev à l'encontre de Staline durent bien admettre, après la parution de *L'Archipel du Goulag* d'Alexandre Soljenitsyne en 1973, que cette Union soviétique qu'ils idéalisaient n'était pas le paradis, mais en réalité « le premier cercle » de l'enfer, pour reprendre le début du titre d'un autre livre de celui qui obtint le prix Nobel de littérature en 1970. Bon nombre de communistes occidentaux virèrent alors encore plus à gauche et se tournèrent vers le maoïsme – ignorant toutes les zones d'ombre de la Chine de Mao : les millions de victimes du Grand Bond en avant, les multiples tracasseries de la révolution culturelle et ses camps de rééducation. Cette position ne fut pas tenable bien longtemps ; à la fin des années 1970, il n'était plus possible, pour toute personne de gauche intellectuellement et moralement intègre, de rester communiste. Mais l'idée qu'il fallait à tout prix critiquer l'Occident était si bien intégrée par chacun que même après avoir renoncé au marxisme le réflexe demeura. Or que restait-il aux intellectuels de gauche s'ils ne pouvaient plus dénoncer la culture occidentale et montrer qu'elle reposait sur une fausse conscience et une mauvaise appréciation de la réalité, sur une illusion et des structures de pouvoir illégitimes ?

Sous quel angle était-il encore possible d'exercer une critique, après que le marxisme avait perdu toute crédibilité et toute supériorité morale ? Y avait-il encore une alternative à la démocratie libérale capitaliste ? C'est dans ce vide que le relativisme postmoderne apparut à beaucoup comme la dernière position défendable. Tous les systèmes sans exception avaient failli. La seule chose qui restait dans la postmodernité était le scepticisme vis-à-vis des « grands récits », pour reprendre l'expression utilisée par Jean-François Lyotard dans *La Condition postmoderne. Récit sur le savoir*[2]. Le récit des Lumières ne faisait pas exception à la règle, lui qui proclamait que les Occidentaux étaient, depuis trois siècles, en train de se libérer et de libérer les autres habitants de la planète de l'immaturité dont ils étaient eux-mêmes responsables, apportant du même coup au monde le progrès, la sécurité et le bien-être. Pour les postmodernes, tout cela n'était désormais qu'un exemple de plus prouvant comment l'Occident avait pris ses aises avec la vérité. Comme le christianisme avant elle, l'histoire des Lumières et du progrès n'avait jamais été qu'une manœuvre trompeuse pour répandre et défendre la position hégémonique de l'homme blanc[3]. La meilleure preuve en était que toutes les prétendues grandes œuvres de la culture occidentale (y compris *Le Capital*) avaient été rédigées par des Européens blancs et peut-être quelques Américains. Dans une situation où même le marxisme ne faisait plus figure d'alternative au capitalisme, de nombreux intellectuels considérèrent comme un devoir sacré de démasquer les mensonges des Lumières et le mythe de la raison universaliste, et de clouer au pilori le « phallogocentrisme » dénoncé comme une fiction servant uniquement à légitimer le pouvoir.

Ce mouvement ne resta pas limité à la seule Europe, il se répandit aussi aux États-Unis, même si ce pays, au cours du XXe siècle, avait plus d'une fois joué les sauveurs de la civilisation occidentale. Sans l'intervention et les sacrifices des États-Unis, il aurait sans doute été impossible de briser la suprématie de Hitler en Europe ; sans le pont aérien, Berlin serait sans doute tombée aux mains des Russes. Et pourtant, même le bilan des États-Unis était loin d'être sans tache, il avait aussi ses périodes honteuses. À partir des années 1970, de plus en plus d'intellectuels américains de gauche se joignirent à la critique de la culture occidentale[4]. Partout dans le monde, la gauche se solidarisait avec la lutte des Afro-Américains pour l'égalité des droits entre citoyens. La mise en parallèle par le marxisme du capitalisme et de l'impérialisme fit également florès de l'autre côté de l'Atlantique, surtout après la révolte étudiante de 1968, tendance qui se renforça encore au cours de la guerre du Vietnam, avec l'implication de la CIA dans la chute du gouvernement Allende au Chili et la collaboration des États-Unis avec le régime de Pinochet.

D'un point de vue empirique, cette critique était souvent fondée : l'esclavage et la discrimination légale des Afro-Américains jusque dans les années 1960 donnaient toutes les raisons de se sentir honteux. La critique féministe de la société de consommation, qui enfermait les femmes dans la cage dorée d'un petit pavillon de banlieue, entre bas nylon, machine à laver et valium (« *Mother's little helpers* »), ne manquait pas non plus d'arguments convaincants (la série américaine à succès *Mad Men* en donne une bonne image). Il n'était d'ailleurs pas nécessaire d'être communiste pour en arriver à la conclusion, à l'instar du grand économiste John Kenneth Galbraith, que le complexe militaro-industriel des États-Unis avait tout intérêt à la poursuite de la guerre froide, ou pour remettre en question le fait que de nombreux Américains, sous l'influence de la publicité, qu'elle vienne de Marlboro, Oldsmobile ou General Electric, voyaient dans leur pays le paradis sur terre[5].

À tel point qu'une grande partie de l'intelligentsia américaine finit par faire corps avec ses homologues européens pour condamner la culture occidentale. De nombreuses universités américaines, et non des moindres, reprirent à leur compte la critique postmoderne de l'Occident, souvent importée de France. Les États-Unis devinrent ainsi l'un des principaux promoteurs de l'idéologie du politiquement correct ; de nombreux sociologues ramenèrent le canon de la culture occidentale à une simple liste de « *dead white men* ». L'héritage occidental était présenté comme une tradition de répression à l'encontre d'autres cultures, mais aussi des femmes et des homosexuels. La seule chose sensée que l'on pouvait encore entreprendre, c'était de tout déconstruire dans la joie.

Cette entreprise a évidemment été source de connaissances très précieuses : Michel Foucault a montré que des disciplines telles que la psychiatrie, dont la bonne santé scientifique était en fait plus que douteuse, considéraient certains groupes comme malades à seule fin de maintenir et de rationaliser l'ordre social[6]. L'un des exemples particulièrement probants abordait les rapports que la société entretenait avec l'homosexualité qui, jusqu'au début des années 1970,

était encore considérée comme un trouble psychique, passible de poursuites pénales dans de
nombreux pays. Une pression politique fit qu'elle
fut peu à peu décriminalisée et qu'en 1980, dans
la troisième édition du *Diagnostic and Statistical
Manual of Mental Disorders* édité par l'American Psychiatric Association, considéré comme
la Bible de la psychiatrie, elle ne fut plus men-
tionnée. Parallèlement à cette évolution, la littérature féministe de Simone de Beauvoir à Naomi
Wolf a aidé des générations entières de femmes à
atteindre un degré de liberté jusqu'alors inconnu,
en détruisant le système de rationalisation qui
avait maintenu les femmes dans des positions
subalternes autant dans le domaine politique,
économique que culturel.

Ces précieuses impulsions étaient toutefois
oblitérées par une idéologie aussi floue que puis-
sante, établie sur une idée beaucoup plus sim-
pliste et plus radicale que les œuvres respectives
de nombreux représentants du postmodernisme,
à savoir que la vérité n'existe pas. Si l'on s'en
tient à cette maxime, il n'existerait donc que des
points de vue et des perspectives. Si une théorie,
une affirmation factuelle ou un énoncé normatif
prétendent à l'objectivité, ce n'est rien d'autre
qu'une tentative pour asseoir sa position dans

le réseau des pouvoirs[7]. Il devenait totalement illégitime d'affirmer que certaines formes de savoir comme la science moderne, par exemple, seraient supérieures à d'autres conceptions du monde. Selon cette idéologie, toutes les visions du monde se valent et rien ne permet de les critiquer – surtout si la critique vient de l'Occident qui, depuis des siècles, a asservi d'autres peuples, d'autres races et a détruit systématiquement d'autres cultures[8]. À partir de ce constat, il convient de respecter toutes les croyances et tous les systèmes de valeurs, ne serait-ce que parce qu'il s'agit là de composantes intégrales d'une culture, d'un peuple ou d'une religion et qu'elles sont de ce fait constitutives de l'identité du groupe en question.

Tout cela a eu des conséquences dévastatrices sur le principe de tolérance issu des Lumières. Au départ, ce principe avait été formulé pour protéger l'individu contre toute forme de contrainte politique et religieuse. Il se fondait de surcroît sur l'idée que la croyance et le savoir ressortissaient à deux ordres différents. Les avancées scientifiques et les progrès technologiques dans le sillage des Lumières devaient d'ailleurs beaucoup au rejet radical des autorités traditionnelles. Rien ni personne ne devait être à l'abri de la critique.

Or le politiquement correct renversait totalement ce principe fondamental : soudain, plus rien ne devait être l'objet de critiques, surtout s'il s'agissait d'une culture non occidentale. Toute objection à ce point de vue était aussitôt mise à mal et qualifiée d'eurocentrisme[9]. Le principe de critique universelle fut remplacé par celui de respect universel. Il fut facile de tordre le cou à la logique et de faire croire que ce nouveau principe était une extension du système de tolérance issu des Lumières : les Lumières n'avaient-elles pas exigé en effet le respect pour les croyances d'autrui ? En réalité, cela ne signifiait pas respecter toutes les croyances et toutes les conceptions du monde ; au contraire, il s'agissait de garantir le droit de chaque individu à vivre et à croire en son âme et conscience. Ce qui était protégé, c'était l'individu et non la croyance, laquelle pouvait être critiquée et considérée comme incompréhensible, absurde ou ridicule.

Les premiers bastions de la culture du politiquement correct furent d'abord les universités de sociologie et de sciences humaines ; mais à partir des années 1970, le phénomène se propagea comme une traînée de poudre. Toute une génération d'élèves et d'étudiants fut éduquée dans un environnement où l'important n'était plus, semble-t-il, d'acquérir des connaissances solides. On apprenait au contraire aux étudiants à critiquer des théories que parfois ils ne connaissaient même pas ; ils grandissaient dans la conscience qu'au sein de structures comme les universités, les hôpitaux ou le système judiciaire, toute forme d'autorité était illégitime. Pour eux, toute idée de hiérarchies culturelles et intellectuelles était un vestige de structures réactionnaires et devait donc être mise au ban de l'histoire. Pourquoi la culture occidentale s'arrogerait-elle le droit de dire ce qui a de la valeur ou non[10] ? Des sortes de gourous professant des mélanges incohérents de pensée indienne, de métaphysique cabalistique mâtinée de libération sexuelle (qui allait souvent de pair avec l'exploitation des adeptes féminines de ces cultes) passaient pour aussi importants que les penseurs rationalistes considérés comme arides et sans relief tels que Spinoza, Kant ou Nietzsche (encore que ce dernier – au travers d'interprétations douteuses – passât parfois pour acceptable). L'idée qu'une messe de Bach en *la* mineur puisse avoir davantage de valeur qu'une chanson pop ou une musique de tribu africaine encourait les foudres du politiquement correct[11].

Tout cela conduisait à une sorte de paralysie intellectuelle. Si l'on ne pouvait rien justifier mais rien critiquer non plus, toute opinion devenait dès lors légitime. Bien qu'issu de la gauche, le politiquement correct ne tarda pas à séduire aussi la droite[12]. Dans les années 1970 se développa aux États-Unis une nouvelle vague de protestantisme fondamentaliste ; les Églises poussaient comme des champignons ; en l'espace de quelques années, certaines devinrent même de véritables empires financiers forts de millions d'adeptes. Vu de l'extérieur, leur enseignement avait souvent des allures grand-guignolesques. Elles étaient généralement dirigées par des personnages plus ou moins louches qui avaient compris avec un remarquable instinct politique que, dans le sillage du politiquement correct, eux aussi pourraient bénéficier de l'immunité contre toute forme de critique. Personne n'est en position de dénier à quiconque le droit de diffuser sa doctrine personnelle de salut et de soutirer à ses adeptes des sommes considérables, sous prétexte que l'individu en question (il s'agit en effet très souvent d'hommes) vendait des voitures d'occasion il y a quelques années encore et n'a aucune formation théologique ou philosophique. C'est ainsi que l'idéologie du politiquement correct a conduit, aux États-Unis, à une alliance funeste entre des représentants de l'extrême gauche et ceux de l'extrême droite. Les premiers critiquaient les autorités universitaires et culturelles parce qu'elles opprimaient les minorités ethniques, culturelles, raciales ou sexuelles et privilégiaient le mode de vie occidental face à tous les autres ; les seconds rejetaient toute exigence de rationalité au prétexte que personne n'avait le droit de critiquer leur croyance et que de telles exigences n'étaient de surcroît que l'expression de l'hégémonie libérale et de cette fameuse pseudo-élite spirituellement indigente qui contrôlait les grandes universités de la côte est.

Durant toute cette période, il y eut évidemment d'autres voix pour se faire entendre. La majorité des universitaires, même dans le domaine des sciences sociales et humaines, n'a jamais cédé aux sirènes du relativisme et du politiquement correct. Mais ceux qui, avec une sobre modestie, continuaient d'entreprendre ce long et dur travail consistant à fonder de manière raisonnable chaque donnée et chaque affirmation ne faisaient pas le poids face à l'attractivité de la nouvelle liberté de penser et de croire, établie sur la notion de plaisir et de bien-être personnel. L'esprit du temps était égalitariste et populiste, il s'en prenait à toute exigence d'honnêteté intellectuelle ou artistique, considérée comme le symptôme d'un élitisme dépassé. Et c'est avec cette condamnation des élites que nous vivons à bien des égards encore aujourd'hui, et les conséquences n'ont pas fini de se faire sentir.

Se forger une opinion responsable : le test du médecin

Cet égalitarisme – au nom duquel on refuse quelque forme d'autorité que ce soit et l'on affirme que toute opinion doit être scrupuleusement respectée – a eu des répercussions désastreuses. D'autant plus qu'il semblerait désormais que même dans des pays occidentaux considérés comme hautement développés une majorité de citoyens ne disposent plus des ressources intellectuelles nécessaires (ou du moins, pour exprimer les choses avec plus de circonspection : ils ne les utilisent pas) pour se forger un avis marqué du sceau de la responsabilité. Il y a quelques années, l'Américaine Susan Jacoby a réuni dans un livre intitulé *The Age of American Unreason* (l'âge de la déraison américaine[1]) un grand nombre de données qui font froid dans le dos. Elle démontre notamment que, en 2003, 70 % des citoyens américains étaient incapables de situer l'Irak sur une carte. Plus inquiétant encore : le même pourcentage de personnes interrogées étaient d'avis qu'il n'était pas nécessaire de disposer de connaissances précises sur l'Irak pour avoir une opinion sur ce qu'il convenait de faire là-bas. Or sur quoi fonder un avis en politique si ce n'est sur des connaissances solides ? La réponse des dirigeants américains à cette question n'est pas très claire. Pour la plupart des politiciens conservateurs et de commentateurs issus de médias de droite, par exemple Fox News, les Américains disposent de valeurs solidement ancrées et ces dernières seraient une base aussi légitime que des connaissances spécifiques ou le résultat de recherches universitaires quand il s'agit d'énoncer des avis en matière de politique. Ce qui se révéla très problématique, c'est que cette position n'était pas seulement dominante dans la population américaine, elle l'était aussi à l'intérieur du gouvernement de George W. Bush. La chose est attestée par la description détaillée des préparatifs de l'invasion de l'Irak faite par le journaliste Bob Woodward (un ancien collaborateur de la Maison-Blanche en poste à cette époque m'a personnellement confirmé la véracité de ces faits[2]). Le président lui-même ne réagissait qu'en fonction de ce en quoi il croyait et sa décision

« *Let's do this* » était essentiellement fondée sur des convictions morales. Et les conséquences de cette méconnaissance de la complexité ethnique et religieuse de l'Irak sont encore perceptibles aujourd'hui. La prédiction selon laquelle la chute de Saddam Hussein allait entraîner une démocratisation de tout le Proche-Orient a montré tout ce qu'elle avait de naïf[3]. C'est en effet le contraire qui s'est produit : l'Irak, qui n'avait pratiquement aucun lien avec al-Qaida avant 2001, s'est transformé en un véritable bastion des organisations djihadistes.

La tendance qui consiste à se fier à ses convictions plutôt qu'à des arguments précis et fondés est totalement irrationnelle. Envoyer des troupes en Irak n'est pas une décision anodine, pour beaucoup il s'agissait même d'une question de vie ou de mort. N'est-ce pas le devoir de tout homme politique responsable d'agir avec circonspection et de fonder ses décisions de façon raisonnable ? Et, pour bien montrer la validité de mes arguments, je vais recourir à ce que j'appelle « le test du médecin ». Imaginez que l'un des membres de votre famille soit très malade. Qu'attendez-vous de votre médecin traitant ? Que diriez-vous s'il ne se fiait qu'à sa propre conviction pour soigner un cancer, au mépris de tous les examens cliniques ? Il y a fort à parier que même les Américains de droite, qui pourtant n'hésitent pas à récuser allégrement tout ce que l'on sait sur le changement climatique pourtant attesté par 97 % des experts mondiaux[4], dénonceraient ce médecin et lui feraient un procès pour laxisme et non-respect de ses obligations professionnelles. Autre exemple qui achèvera de convaincre même les plus irréductibles des dangers du relativisme tous azimuts : l'argent. Supposons que le directeur de la banque où vous avez placé votre argent vous dise un beau jour que la situation de votre compte dépend de sa seule opinion, de sa conviction personnelle, et non de la différence objective entre les débits et les crédits enregistrés – je suppose (et je le sais par expérience) que même les plus crédules ne seraient pas disposés à lui faire confiance et qu'ils appelleraient aussitôt la police. Si l'on transpose le principe du test du médecin dans le contexte du mépris civilisé, cela revient à dire que chaque fois qu'il est question de sujets politiques, juridiques ou touchant à l'harmonisation des cultures, chaque individu est en fait moralement obligé d'adopter les mêmes critères épistémiques qu'il exige dans le domaine de la médecine ou de ses finances personnelles. Qui ne réagit pas ainsi fait preuve d'une double morale qu'il convient de critiquer, dans la perspective du mépris civilisé.

Une culture du mépris civilisé se fonde ainsi sur une autodiscipline intellectuelle qui engage à collecter des informations et à les évaluer avec soin, elle s'appuie aussi sur la volonté de faire valoir ce mode de pensée avec toutes les conséquences que cela entraîne – tel est le principe qui permet de se forger une opinion responsable. Or on retrouve dans tous les domaines une tendance à déformer les données cognitives. Le mépris civilisé est alors de mise chaque fois que des individus veulent se soustraire à ces exigences parce qu'ils trouvent plus confortable d'accepter des états de fait s'accordant mieux à leurs préférences émotionnelles ou idéologiques, même s'il est facile de voir que nombre de données objectives contredisent ces affirmations personnelles. Cette tendance à déformer les données cognitives se retrouve dans tous les camps. Dans le cas précis de la politique américaine, l'aversion de la droite à l'égard des élites intellectuelles est assez simple à mettre en évidence : les études démographiques montrent que les universitaires, toutes disciplines confondues (mais surtout dans les sciences de la nature, les sciences sociales et les sciences humaines), sont majoritairement répertoriés à gauche, dans le camp libéral[5]. D'un point de vue sociologique, cela s'explique par le fait que le cadre référentiel de la recherche est généralement global et que les scientifiques ont une orientation plutôt universaliste, dans la mesure où les résultats de leurs recherches prétendent à une reconnaissance valable dans le monde entier. L'idée qu'il puisse y avoir une science allemande, américaine ou juive a été soutenue sous les régimes fascistes, tel le IIIe Reich. En Union soviétique, à l'époque de Staline, d'aucuns prétendaient aussi qu'il était possible de faire une distinction entre un savoir socialiste et un savoir bourgeois. De nos jours, une telle vision des choses est bien sûr inacceptable ; ce serait une ingérence intolérable dans un domaine où les arguments politiques n'ont pas de place (sachant toutefois que la neutralité politique parfaite n'existe pas et représente seulement un idéal régulateur qui n'est jamais réalisable à 100 %).

Quoi qu'il en soit, l'orientation universaliste est la raison qui explique pourquoi la droite américaine tend à penser que les scientifiques lui sont fondamentalement hostiles. Cette attitude fait que l'on a assisté, surtout dans la seconde moitié du XXe siècle, à l'éclosion de think tanks conservateurs destinés à contrer l'hégémonie des grandes universités de tendance libérale, ce qui a certainement contribué à ce que les positions politiques conservatrices aient été mieux formulées[6]. Mais, au grand dam de nombreux conservateurs, cela ne changea rien à la façon dont les scientifiques traitaient les faits et les données. Ce que la droite américaine n'avait pas vu, c'était que les études universitaires sont en général engagées sous l'angle de leur contenu scientifique et non d'un point de vue politique. Normalement, les résultats des recherches ne sont pas des choses que l'on manipule. La colère éprouvée vis-à-vis du monde de la recherche correspondait donc à la déception de ne pouvoir participer activement aux discussions scientifiques par manque de vrais moyens intellectuels – sans aucun lien avec les orientations politiques.

L'illusion motivée par le ressentiment (et adossée à l'idéologie du politiquement correct) commence souvent là où il serait d'abord nécessaire de faire des efforts intellectuels et d'acquérir les connaissances indispensables à l'élaboration d'une opinion responsable. Quand on est convaincu que tous les points de vue se valent – qu'ils soient scientifiquement fondés, issus de valeurs subjectives profondément ancrées ou la réaction de la simple spontanéité – et méritent le même traitement, le niveau du débat rejoint rapidement celui des discussions de comptoir. L'un des meilleurs exemples nous est donné par les controverses autour du réchauffement climatique[7]. La droite américaine affirme depuis des lustres que la thèse selon laquelle le changement climatique a des causes humaines est l'invention d'une coalition entre la gauche et les libéraux, désireux de détruire la liberté du marché. Et quand on répond à cette droite que 97 % des spécialistes du climat sont en contradiction avec ses théories, elle rétorque qu'il s'agit là d'une manipulation politique ourdie par ses adversaires. Cette façon de faire fi de toutes les conclusions scientifiques sur la seule base de convictions personnelles ou d'intérêts économiques est la preuve même de la nécessité du mépris civilisé.

Un autre exemple : il n'existerait aucun lien entre le virus VIH et le sida[8]. De grands hommes politiques africains comme l'ancien président de l'Afrique du Sud, Thabo Mbeki, ont plusieurs fois affirmé que la pauvreté était la principale cause du sida et que l'Occident avait inventé la théorie du VIH pour pouvoir continuer à contrôler le continent africain. Dans la perspective du politiquement correct, on pourrait se dire que ce refus de voir les choses en face est l'expression d'une culture différente et qu'elle est donc respectable. En revanche, dans la logique du mépris civilisé, il convient de dénoncer ce point de vue qui a entraîné la contamination de milliers d'adolescentes au cours des vingt dernières années, parce que la croyance populaire prétendait que des rapports sexuels avec des vierges pouvaient conduire à la guérison.

Le grand enjeu du mépris civilisé consiste à déterminer quel est le niveau de connaissance minimal requis pour prendre part à ce genre de discussions. Si l'on veut comprendre en détail le débat autour du changement climatique et des origines du sida, il faut être à même de maîtriser des calculs statistiques permettant de tester empiriquement des hypothèses qui elles-mêmes supposent des connaissances mathématiques. Et l'on doit bien sûr disposer de certaines connaissances spécifiques dans chacun des domaines concernés. À une époque où les systèmes de savoir sont d'une très grande complexité, ce n'est souvent plus possible. Il n'y a aujourd'hui que très peu de non-spécialistes capables de comprendre et encore moins de vérifier tous les arguments qui tournent autour du changement climatique, les fondements génétiques de certaines maladies ou l'existence du boson de Higgs. Et le problème n'est pas spécifique aux sciences de la nature. À moins d'être économiste, il est difficile, même pour des intellectuels chevronnés, de savoir qui a tort ou qui a raison dans des domaines économiques qui nous touchent pourtant au premier chef. J'en veux pour preuve le débat qui oppose les néolibéraux et les néokeynésiens sur la question de savoir si, dans le cas d'une crise économique, il faut chercher à stabiliser le budget de l'État par des mesures d'économie ou au contraire relancer l'économie par des nouvelles dettes et de nouveaux programmes conjoncturels.

Cela veut-il dire pour autant qu'il est devenu impossible de se forger soi-même une opinion responsable ? La plupart des individus, dans nos sociétés hypercomplexes, sont-ils condamnés à l'ignorance ? Pour ma part, je considère que s'en tenir à cette conclusion est un peu rapide et réducteur. Ces dernières décennies ont vu l'émergence d'une culture de la vulgarisation[9]. Des scientifiques de très haut niveau comme le physicien Stephen Hawking, le biologiste de l'évolution Richard Dawkins, le psychologue Steven Pinker, le neurobiologiste Eric Kandel et des économistes de renom comme Joseph Stiglitz et Paul Krugman ont élevé cet art à un niveau inégalé. Le même phénomène est à l'œuvre dans le domaine des sciences humaines comme l'histoire, la philosophie ou l'archéologie biblique. Par ailleurs, Internet a énormément facilité l'accès au savoir et le commun des mortels dispose de beaucoup de moyens s'il veut s'informer et se faire une opinion. Quel que soit le degré de recherche et d'informations atteint, il serait néanmoins illusoire de croire que les connaissances scientifiques puissent être totalement univoques. Ce n'est pas le cas en économie, ni dans le domaine où je me suis spécialisé (l'étude des mouvements terroristes[10]). En dépit de ces « lacunes », il est toujours possible de réfuter certaines idées reçues. Ainsi, lorsque certains partis politiques de droite en Europe ne cessent d'affirmer que l'islam est structurellement incapable de démocratie et qu'il est plus porté à la violence que d'autres religions (pour essayer d'étayer ces assertions, ils utilisent souvent des termes comme « djihad » ou « shahid », notion arabe qui désigne un martyr ayant trouvé la mort en combattant pour l'islam), comment peuvent-ils ignorer que les plus grands génocides dans l'histoire de l'humanité ont été perpétrés par des nations occidentales dont la culture est chrétienne, et nullement par l'islam[11] ? Il est également inutile de recourir à un grand appareillage scientifique pour savoir que, longtemps, ceux qui ont commis le plus d'attentats dans le monde étaient les Tigres tamouls (un mouvement de libération nationale originaire du Sri Lanka, qui n'avait absolument aucun lien avec l'islam). Idem pour les déclarations de Thilo Sarrazin, que nous avons mentionnées précédemment, où il prétend que les émigrants musulmans arrivant en Allemagne sont génétiquement condamnés à une existence de bas étage – thèse réfutée par les sociologues qui la considèrent comme totalement empirique et dénuée de tout fondement[12].

Même si, dans certains domaines de la science, l'état des connaissances ne permet pas d'arriver à des conclusions claires et précises, cela reste toujours suffisant, ne serait-ce que pour désamorcer les préjugés les plus tenaces. C'est justement ce qui fait que de nombreuses personnes voient la science d'un mauvais œil. Car les identités collectives sont souvent fondées sur des mythes, et ceux-ci ne résistent pas à une analyse critique[13]. Deux exemples, qui ne sont d'ailleurs pas sans lien entre eux, illustrent parfaitement cette défiance à l'égard des faits. Depuis 1948, la plupart des Israéliens ont été élevés dans la croyance que le problème des réfugiés palestiniens (depuis les guerres de 1948 et 1967, on dénombre environ 4,5 millions de Palestiniens vivant dans les pays arabes alentour sans aucun droit civique) est exclusivement dû aux décisions des gouvernements arabes durant les quarante années qui ont suivi ces guerres[14]. Dans cette optique, l'une des idées communément répandues consiste à prétendre que ces gouvernements ont incité les Palestiniens à quitter leurs maisons pour permettre l'attaque conjointe des armées syrienne, jordanienne, irakienne et égyptienne. Après la défaite, ces réfugiés ne se sont fixés nulle part et ont été instrumentalisés afin de contester le droit à l'existence d'Israël. À partir de la fin des années 1980, cette version a été remise en cause par certains Israéliens. Des historiens comme Benny Morris ont eu accès aux archives israéliennes et ont bien montré comment le gouvernement Ben Gourion avait procédé pour assurer la création de l'État en mai 1948. David Ben Gourion savait pertinemment que la déclaration d'indépendance d'Israël allait déclencher une offensive arabe. Son gouvernement a alors élaboré un plan visant à déloger et à chasser autant de Palestiniens que possible en profitant du chaos de la guerre imminente. Seuls des nettoyages ethniques massifs pouvaient garantir une majorité de population juive dans le nouvel État – condition première pour pouvoir ensuite gouverner démocratiquement. Benny Morris, Avi

Shlaïm et d'autres nouveaux historiens ont montré à partir de 1988, dans une série d'ouvrages, que l'armée israélienne avait appliqué de façon systémique le « plan D », dont le but était de contraindre la majorité des 750 000 Palestiniens à l'exil, en recourant à des moyens d'intimidation et à des violences allant jusqu'au massacre. Comme il fallait s'y attendre, les travaux de ces nouveaux historiens n'ont pas été accueillis avec enthousiasme par la population israélienne. L'identité du pays reposait sur l'idée qu'Israël n'avait absolument rien à se reprocher d'un point de vue moral et que le peuple juif était tout à fait en droit de revendiquer cette terre natale qu'il avait dû quitter après la destruction du temple de Jérusalem par les Romains en 70 après J.-C. Le premier slogan du sionisme – « Une terre sans peuple pour un peuple sans terre » – montre d'ailleurs bien que l'on a purement et simplement ignoré la présence d'une population arabe dans cette région. Ces nouveaux historiens ne tardèrent pas à être calomniés, traités d'antisionistes détestant Israël, et leur chef Benny Morris eut toutes les peines du monde à obtenir une chaire dans une université israélienne. Aujourd'hui encore, nombreux sont les Israéliens qui se refusent à intégrer cette nouvelle image de leur pays, et la droite politique fait tout ce qu'elle peut pour maintenir l'ancienne croyance, plus valorisante et plus brillante. Les conséquences de cet état de fait sont bien connues. Jusqu'à présent, aucun gouvernement israélien n'a entrepris la démarche décisive qui consisterait à se retirer de tous les territoires occupés en 1967 après la guerre des Six Jours, comme le stipule pourtant la résolution 242 de l'ONU, ce qui aurait déjà permis d'ouvrir la voie à la création d'un État palestinien autonome. Ces précisions permettent de montrer que l'étude historique dégage une vraie possibilité de solution au conflit israélo-palestinien, mais cet exemple montre surtout l'importance centrale du principe de formation responsable d'opinion dans tout processus de décision politique et révèle aussi que des données scientifiques sont en mesure de remettre en question des identités collectives fondées sur des préjugés.

Le plus affligeant dans cette histoire, c'est qu'à la morgue du discours israélien correspond de façon presque symétrique la version palestinienne. Version souvent reprise et même accentuée sans le moindre esprit critique par certains mouvements de la gauche européenne et américaine. Dans cette perspective, les Palestiniens sont exclusivement considérés comme des victimes n'ayant jamais eu la moindre possibilité d'influer sur leur destin. Là aussi, nul besoin d'être grand clerc pour se rendre compte qu'un certain nombre de faits historiques ont été totalement occultés. Dès les années 1920, les Palestiniens ont préféré le clan antisémite et nationaliste de Husseini à la famille Nusseibeh, de tendance plutôt cosmopolite et traditionnellement fiduciaire des clés de l'église du Saint-Sépulcre de Jérusalem[15]. Les dirigeants palestiniens, sous la houlette d'Amin al-Husseini, ont entretenu des relations très étroites avec l'Allemagne nazie ; al-Husseini a vécu de 1941 jusqu'à la fin de la guerre à Berlin, où il a mis sur pied des unités musulmanes de la Wehrmacht et de la Waffen-SS, et il a obtenu de Hitler l'assurance que l'on pratiquerait aussi en Palestine la « solution finale[16] ». En 1947, les chefs arabes refusèrent le plan de partage proposé par l'ONU qui prévoyait de réserver presque la moitié de l'ancien mandat britannique (sans la Transjordanie) aux Palestiniens – un territoire bien plus grand que celui actuellement prévu dans le contexte d'une solution prévoyant la coexistence de deux États. Sans compter que de grands dirigeants palestiniens ont largement contribué à propager une mythologie antisémite. Mahmoud Abbas, président de l'État de Palestine depuis 2005, a fait une thèse en 1982 à l'université Patrice-Lumumba de Moscou où il affirmait que les sionistes avaient collaboré à la solution finale avec le IIIe Reich pour pousser les juifs européens à prendre la fuite vers Israël ; il écrivait aussi que parler de 6 millions de juifs morts dans l'holocauste était fortement exagéré[17] – thèse qui non seulement contredit les faits, mais révèle de fort relents antisémites (il faut toutefois mentionner qu'Abbas a ensuite pris ses distances par rapport à la thèse qu'il avait écrite, considérant que l'holocauste était l'un des plus grands crimes dans l'histoire de l'humanité[18]). Enfin, pour prendre un dernier exemple, la Charte du Hamas appelle expressément à l'extermination des juifs ; elle reprend la théorie du complot de la juiverie internationale, faisant ainsi référence aux *Protocoles des sages de Sion* (document qui s'est révélé depuis longtemps être un faux[19]). Lorsqu'on a demandé en 2012, dans une interview, à Moussa Abou Marzouk, qui fut l'un des principaux dirigeants du Hamas, pourquoi ces *Protocoles* étaient encore mentionnés dans la Charte, il a répondu que les sionistes avaient bien écrit ce texte, mais refusaient toujours de l'admettre[20]. Outre qu'elle n'est pas tenable d'un point de vue épistémique, la diabolisation d'Israël, du sionisme et des juifs est aussi moralement inacceptable, et entretient la défiance qu'éprouve une grande partie de la population palestinienne à l'égard d'Israël, de sa situation et de sa mentalité.

En résumé, on peut dire que les deux camps, même si c'est dans des dimensions différentes, n'ont pas la volonté ou ne sont pas en mesure de se libérer des fausses affirmations qui sont à la base de leur idéologie. L'incapacité de chacun des deux camps à accepter les faits et donc aussi l'histoire de l'autre envenime ce conflit depuis de nombreuses décennies et rend sa résolution extrêmement difficile.

Par sa capacité à remettre en question les préjugés, quitte à faire vaciller les identités collectives qu'ils soutiennent, le travail historique est indispensable. Cet exemple illustre parfaitement combien l'opinion responsable est essentielle à tout processus de décision politique ; dans le cas du conflit israélo-palestinien, cela laisserait peut-être même entrevoir un véritable espoir.

Le mépris civilisé ne permet pas de résoudre tous les conflits culturels, politiques ou religieux, mais, s'il était appliqué de façon conséquente, cela pourrait déjà contribuer à une dédramatisation du discours. Le problème, c'est que, dans les pays dits développés comme dans les pays du tiers-monde, à l'extrême droite comme à l'extrême gauche, on ne respecte pas ce principe. Les exemples que je viens d'évoquer montrent clairement que pour se forger une opinion scientifiquement solide il faut pouvoir disposer de certaines connaissances de base (ce qui, du moins dans les pays développés, est ou devrait être accessible à tous). Mais quel que soit le niveau de connaissances d'un individu, il ne pourra en faire usage que s'il se libère du politiquement correct pour revenir à cette fameuse conscience éclairée. J'aborderai de nouveau le sujet à la fin de cet essai.

Quand le ressentiment devient vertu

Autant la droite que la gauche ont érigé en principe la méfiance vis-à-vis des élites. Et trop souvent, les spécialistes dans des domaines aussi fondamentaux que l'économie, la biologie, la médecine ou l'étude du terrorisme ne sont pas considérés comme représentatifs de la volonté nationale, mais comme les représentants d'une élite qui défend ses propres intérêts. C'est parfois le cas, personne ne peut le nier ; mais généraliser et appliquer ce reproche à tous les scientifiques est pour le moins irresponsable. Adressé aux élites méritocratiques qui doivent leur statut à leurs travaux et leurs performances, ce reproche n'est en général que pur ressentiment. Même si cette réaction est compréhensible, après tout nous sommes humains, elle n'en est pas moins inacceptable. Il n'est jamais agréable de ne pas se sentir à la hauteur d'un débat, de ne pas avoir en notre possession les outils nous permettant de discuter d'égal à égal avec autrui. Je me souviens par exemple très bien de ce qui s'est passé en 2003, lorsque j'ai été convié à participer à la préparation des élections législatives israéliennes dans l'équipe chargée de la stratégie : chaque fois que les discussions tournaient autour de mon domaine de compétence, mon avis avait du poids. Mais, quand il s'agissait de décisions stratégiques importantes, je n'avais plus droit à la parole. Cela m'a souvent mis en colère car je trouvais que l'on faisait fi de mes positions ; mais je savais bien au fond que c'était légitime. L'équipe était essentiellement composée d'hommes politiques, de directeurs d'instituts d'opinion et d'attachés de presse qui avaient déjà participé à plusieurs campagnes analogues, alors que j'étais totalement novice dans ce domaine. Il ne me fut pas toujours facile de faire taire mon ressentiment, mais j'ai du moins essayé de le tenir en lisière. Surtout, je devais faire attention à ce que mon professionnalisme ne soit pas entravé par mes affects, mon envie en l'occurrence.

C'est d'ailleurs l'une des visées du politiquement correct que de protéger les individus de l'envie et de la souffrance, ou de tout autre sentiment suscité par une situation d'infériorité. Autant les intentions qui président à cet objectif sont nobles, autant les conséquences sont néfastes. Cela fait sourire d'entendre dire d'un sourd qu'il est « mal entendant » ou d'une personne obèse qu'elle est en « surcharge pondérale ». Dans ces cas-là, tout au plus court-on le risque du ridicule ; les effets sont bien plus dévastateurs quand cela touche des questions où une vraie compétence est nécessaire.

Au cours des événements de Mai 68, il était de bon ton pour les étudiants de contester au corps enseignant le pouvoir de décider de ce qui devait être enseigné et appris. L'assouplissement des hiérarchies n'avait pas que des désavantages, c'était même une bonne chose que les professeurs soient obligés de faire preuve de davantage de flexibilité. Mais la tendance qui consiste à remettre en question toute autorité spécialisée, quelle qu'elle soit, marque encore la culture enseignante : d'après certaines études, il semblerait que les professeurs se sentent de plus en plus soumis à la pression de devoir donner de bonnes notes aux étudiants parce que ces derniers considèrent que c'est un droit et que les notes ne doivent plus être considérées comme la sanction d'un effort et d'un mérite[1]. Les enseignants ont souvent l'impression qu'il est de plus en plus difficile de critiquer les étudiants ou d'exiger de leur part un vrai travail. Et cela a aussi partie liée avec le politiquement correct :

d'un point de vue statistique, le talent intellectuel est réparti exactement de la même manière que toutes les autres qualités personnelles. En d'autres mots, cela signifie que tous les étudiants ne sont pas pareillement doués. À coup sûr, la plupart des étudiants seront confrontés un jour ou l'autre à la désagréable expérience de se sentir inférieurs par rapport à certains de leurs camarades. Cette forme de hiérarchisation est mieux acceptée dans le football, dans le show-biz, mais aussi dans des domaines aussi différents que la médecine, le droit ou les sciences et les techniques, où il est plus facile d'évaluer les performances de façon objective – mais dans les sciences dites « molles », les étudiants ont beaucoup plus de mal à se faire à cette idée. On observe des frustrations analogues quand il est question des revenus et des salaires. Le politiquement correct doit à ses racines socialistes l'idée qu'il n'est pas acceptable qu'on puisse être doué pour les affaires, et que ce talent puisse engendrer des avantages énormes dans une économie libérale de marché. Il ne s'agit certainement pas là de défendre le népotisme des élites et les structures de castes, mais de dénoncer une utopie : rien ni personne ne pourra jamais empêcher l'homme de faire l'expérience, à un moment ou à un autre, de son infériorité, ni d'en souffrir.

De tout cela, il résulte une culture qui a élevé le ressentiment au rang de vertu[2]. En fait, on a confondu deux concepts totalement différents, et cette confusion est parfaitement funeste. D'un côté, l'idéal des Lumières, selon lequel tous les hommes disposent de par leur naissance des mêmes droits fondamentaux : le droit au libre développement de sa personnalité, le droit à l'intégrité physique, la liberté d'opinion, la dignité humaine, etc. Cet idéal visait à saper des sociétés où certains individus jouissaient de privilèges en vertu de leur état, où les nobles pouvaient rabaisser et exploiter les paysans et les petites gens. Les démocraties modernes ont donc milité pour l'égalité des chances, concept de grande importance autant d'un point de vue éthique que d'un point de vue pratique. C'est ici qu'intervient l'idéologie du politiquement correct – et nous en arrivons ici à notre deuxième élément de comparaison –, sous le regard de laquelle l'idéal des Lumières est devenu une exigence de parfaite égalité appelant à l'effacement de toutes les hiérarchies et de toutes les différences. Dans cette perspective, l'idéal d'égalité prôné par les Lumières a été remplacé par l'impératif qui vise à protéger l'homme de tout sentiment d'infériorité comme si c'était un droit. Or ce droit est totalement illusoire puisque, ainsi que nous l'avons dit plus haut, toute personne, si douée et talentueuse soit-elle, sera un jour ou l'autre appelée, en toute logique, à rencontrer une autre personne qui lui sera supérieure. L'analyse nietzschéenne du ressentiment garde ici toute sa pertinence : si au lieu de circonscrire le ressentiment on le transforme en vertu, il faut se préparer à en payer le prix fort[3]. Il en résulte une culture du plus petit dénominateur commun, où tout ce qui pourrait exclure quelqu'un est interdit.

Bien sûr, un tel nivellement par le bas repose toujours sur une forme de mensonge existentiel : personne n'a vraiment envie de vivre dans un monde où l'exceptionnel et l'extraordinaire sont exclus. Tout le monde a envie que la chirurgienne qui opère son enfant soit aussi douée et bien formée que possible. Objecter qu'il n'est pas juste que tout le monde ne puisse pas être chirurgien serait considéré, à juste titre, comme une absurdité. Il serait très préoccupant qu'un système de santé ne sélectionne pas ses chirurgiens selon des critères très sévères. Nous sommes tous d'accord pour vouloir des films réalisés par des metteurs en scène de génie, pour avoir des économistes hautement qualifiés à la tête des banques centrales et des pilotes de ligne ayant dû passer des examens difficiles avant d'avoir le droit de voler. Dans cette mesure, la logique du politiquement correct n'est tout simplement pas cohérente : les sociétés modernes, souvent d'une très grande complexité, ne fonctionnent pas sans performances exceptionnelles[4], c'est pourquoi nous devons tous, d'une façon ou d'une autre, accepter de faire l'expérience de notre propre impuissance. Or on s'acharne au contraire à dissimuler les différences pour éviter tout sentiment de frustration. D'un point de vue politique, c'est sur cette question-là aussi que les extrêmes, de droite et de gauche, se rejoignent. Pour la gauche, les performances sont nécessairement douteuses, car elles vont en général de pair avec des privilèges économiques ; quant à la droite, elle a une tendance très populiste à relativiser le savoir spécialisé des gens très qualifiés, ou même à le considérer comme nul et non avenu, pour le remplacer par des opinions, des convictions et des certitudes émises par des individus qui n'y connaissent rien, mais refont le monde comme au comptoir du café du commerce. Dans les deux cas, le résultat est le même : le nivellement par le bas vient remplacer l'exigence d'une opinion responsable.

La capacité de faire pièce à cet état de frustration

est l'un des éléments constitutifs d'une culture du mépris civilisé. Nous devons tous contribuer à la développer car, indépendamment de l'état de nos connaissances personnelles, de notre niveau d'étude, il y aura toujours, dans ce monde hyper-complexe, des discussions auxquelles nous ne pourrons jamais prendre part.

L'éthique de l'opinion responsable n'est donc pas seulement cognitive, elle est aussi affaire d'émotion : il faut apprendre à vivre avec la colère, l'envie et le ressentiment, sans pourtant abdiquer sa capacité de jugement. Reconnaître la supério-rité d'autrui est parfois une expérience doulou-reuse et cela demande une solide autodiscipline que de passer outre cette souffrance[5]. « La culture de l'admiration », au-delà du fait que le terme a des accents nettement plus sympathiques, semble une alternative nécessaire, parce que la capacité à admirer les grandes performances et les grandes qualités humaines est, de fait, l'élément consti-tutif de toute grande culture et de tout homme libre. L'admiration ne nous empêchera pas de souffrir de la comparaison avec autrui, et c'est une bonne chose, car expérimenter cette souf-france est capital pour la santé psychique. À ce sujet, le sport nous offre une excellente analogie. Quand on pratique un sport, il est très important de faire ensuite des étirements. L'exercice n'est pas agréable parce que les muscles sont contractés. On peut bien sûr choisir de s'épargner ce qui nous apparaît comme une souffrance inutile, mais alors non seulement nos muscles toujours contractés nous feront mal, mais cela nous limitera aussi dans nos mouvements. Mais si l'on accepte d'aller à l'encontre de ce que veulent les muscles, si l'on apprivoise en quelque sorte cette souffrance, on amène alors progressivement nos muscles à supporter ces étirements, et l'on gagne en souplesse et en bien-être. La même chose est valable pour la psyché : qui ne supporte pas la frustration et recule devant elle est condamné à une crispation psychique qui se cristallise ensuite en ressentiment. Si l'on refuse de se réjouir de la beauté et de la réussite des autres, il ne nous reste plus qu'à vivre avec l'amère constatation de notre propre infériorité. Parce que le mépris civilisé s'oppose à ce ressentiment, il doit s'apprêter à faire face à une grande résistance. Cela fait partie de l'exercice que de savoir diagnostiquer chez soi-même et chez autrui à quel moment une opinion ou un jugement est motivé par le ressentiment. Les arrangements avec la réalité et les illusions peuvent avoir de graves conséquences. Quand il y a refoulement d'une autorité compétente, le

principe épistémique du mépris civilisé doit aussitôt s'appliquer : si l'on est prêt à accepter l'autorité du médecin, du banquier ou de l'ingénieur
quand il en va de notre santé, de notre argent ou
de notre maison, alors il n'est pas admissible de
ne pas reconnaître des compétences comparables
lors de grands débats de société, par exemple, au
seul prétexte que nous n'avons pas les capacités
nécessaires pour y participer. Cette attitude est
particulièrement flagrante lorsque les faits et les
données avancés ne correspondent pas à notre
propre vision du monde. Si ce rapport au monde
peut être influencé par de nombreux facteurs, en
revanche, une chose est sûre : selon la plus grande
étude menée au cours de ces dernières années, il
apparaît que plus de 80 % de la population mondiale déclare avoir un sentiment d'appartenance à
une religion[6]. Les données objectives ne laissent
pas place au doute : une grande majorité d'entre
nous tirent leurs convictions essentiellement de
leur croyance religieuse. Une attitude en contradiction avec l'opinion responsable.

Religion et mépris civilisé

Toute société moderne doit s'accommoder du fait que les religions sont une composante essentielle de la vie sociale. Comme l'a dit Habermas, nous vivons dans une époque postséculière. Le politiquement correct ne semble être nulle part aussi présent que quand il est question du religieux : de toute évidence, la foi ne peut pas être sujet à disputes. Dans ce cas particulier de la religion, il semblerait donc à première vue plus raisonnable de s'en remettre au politiquement correct. De considérer la croyance au-dessus de toute critique. N'avons-nous pas en effet atteint là les limites du principe de mépris civilisé ? Plutôt que de jouer un rôle dans l'élaboration d'une coexistence harmonieuse entre les hommes, ne fait-il pas qu'exacerber purement et simplement les conflits entre religions, mais aussi entre les religions et l'ordre libéral ? Pour ma part, je tends à penser exactement le contraire : le principe du mépris civilisé permet d'identifier et de préciser les points litigieux entre les différentes confessions d'un côté et le libéralisme séculier de l'autre. Je soutiens la thèse que, grâce à cet exercice intellectuel, nous sommes plus à même de voir à quel moment une position religieuse mérite d'être mise en question – et ce moment est celui où cette position religieuse ne réussit pas le test du médecin évoqué plus haut. Il va de soi que les religions, comme d'ailleurs tout type de conception du monde, ont leur place dans les différents débats sociaux. Mais quand il en va du bien-être des hommes ou de leur vie même, surtout dans ce dernier cas d'ailleurs, elles ne peuvent échapper au devoir d'opinion responsable.

Aujourd'hui, la religion est le sujet où le principe de tolérance semble avoir atteint ses limites. Toute la question est de savoir s'il est possible de tolérer des pratiques religieuses qui ne sont pas compatibles avec les valeurs centrales des Lumières (par exemple l'égalité de tous les individus devant la loi). Comme nous l'avons vu précédemment, on se trouve devant une compréhension totalement erronée du principe de tolérance : jamais les philosophes des Lumières

n'ont prétendu que nous sommes tenus de respecter les credo de religions que nous considérons,
sur la base d'arguments solides, comme irrationnels, immoraux ou même inhumains. Le principe
de tolérance énonce simplement qu'aucune instance ecclésiastique, religieuse ou étatique n'a le
droit d'imposer à quiconque une croyance et que
tout être humain doit être en mesure de vivre sa
vie selon ses propres convictions. L'un des arguments auxquels est adossé le principe de tolérance
dit que l'on ne peut fonder des credo de façon
empirique ou logique et qu'il serait donc totalement immoral de contraindre un être humain à
quelque chose dont on ne peut le convaincre de
façon rationnelle.

Nous butons ici sur un conflit fondamental
entre le principe des Lumières, qui dit qu'aucune autorité n'est au-dessus de la critique, et
les religions abrahamiques. Religions auxquelles
je vais me limiter ici pour deux raisons : d'abord
parce que je ne dispose pas de toutes les compétences nécessaires pour parler d'autres religions
et parce que j'en suis arrivé à la conclusion, à
force de discussions, que la notion de « religion » est tellement marquée par ses rapports
avec le judaïsme, l'islam et le christianisme
qu'elle n'est pas vraiment adaptée à certaines

religions asiatiques. Et, deuxième raison, parce que les questions qui nous occupent ici sont essentiellement motivées par les conflits existant entre les religions abrahamiques ou entre ces religions et l'État. Une telle limitation n'enlève donc aucune pertinence à l'argumentation qui va suivre.

Le qualificatif relativement récent d'« abrahamique » vient du fait que, dans les trois religions retenues, le personnage fondateur d'Abraham (Ibrahim dans l'islam) joue un rôle très important[1]. Toutes trois sont ainsi marquées par un mythe qui fonde le cœur même du monothéisme abrahamique : le sacrifice d'Isaac (le personnage reste anonyme dans l'islam). Dans cet épisode, il est dit qu'Abraham est sommé par Dieu de tuer son fils chéri, sur quoi Abraham, sans poser la moindre question, se met en route vers le lieu du sacrifice (une montagne sur la terre de Moriha, comme le relate l'Ancien Testament). Une fois qu'ils sont arrivés au sommet de la montagne, au bout de trois jours de marche, Abraham fait élever l'autel où devra être sacrifié son fils, à qui il n'a rien révélé de ses intentions. Ce n'est qu'au dernier moment qu'un ange retient le bras d'Abraham qui, à la place, sacrifie un bélier.

Il n'y a guère de mythe qui ne soit plus à l'opposé de l'éthique des Lumières. À commencer par le fait qu'Abraham ne pose aucune question, ne conteste rien, ne se demande même pas s'il n'est pas victime d'une hallucination. Il ne discute pas cet ordre, ne doute pas une seconde qu'il entend la parole de Dieu et qu'il doit la suivre. Il est évident que cette analyse de l'attitude d'Abraham est un anachronisme : à l'époque où ce récit a vu le jour, la critique n'avait aucune valeur. Au contraire : dans les cultures tribales, la soumission aux credo enseignés par les anciens représentait la valeur suprême. Mais ce qui pouvait encore être acceptable au VIIIe ou VIIe siècle avant J.-C., époque supposée de la genèse de ce récit, ou bien encore au Ve siècle, lorsqu'il fut édité[2], devient très problématique au XXIe siècle.

Il y a presque trois mille ans, il aurait été absurde de parler d'une séparation entre foi et savoir. Pour les tribus, les ethnies et les nations, la religion était un gage d'identité ; il n'y avait pas encore de différences fonctionnelles entre des domaines aussi divers que le droit, la science et la politique. Les choses ont radicalement changé depuis, surtout au cours des quatre derniers siècles. Dans la plupart des États, le système juridique s'est peu à peu émancipé des institutions religieuses. La science moderne repose désormais sur le postulat qu'il existe des lois naturelles rationnelles ayant une valeur universelle ; elle a ainsi acquis une puissance explicative jamais égalée par aucune autre conception du monde – sans parler du progrès technologique qui depuis le XVIIe siècle a permis à l'homme de prendre le contrôle sur la nature. Tout cela ne serait pas pensable sans l'acceptation du principe qu'aucune théorie ni aucune affirmation n'est au-dessus de la critique. L'idée qu'il puisse exister des autorités indéboulonnables n'ayant pas besoin de se justifier par des arguments raisonnables a disparu avec l'arrivée des Lumières – or, pour les religions abrahamiques, cette idée a précisément une valeur centrale. L'Ancien Testament ne cesse de faire état des efforts du peuple d'Israël pour composer avec l'exigence de soumission absolue à la parole de Dieu, dont la validité repose sur la tradition, les histoires de révélation et de miracles, et dont il n'existe aucune preuve en dehors des textes transmis. La croyance aux miracles dépend uniquement d'une volonté et d'une capacité à croire[3]. À l'inverse, la théorie scientifique élaborée au cours des derniers siècles repose sur le principe que ce qui est dit doit être structuré de telle sorte que tout peut être vérifié de façon indépendante.

Arrivé à ce stade de la discussion, on pourrait objecter que cette argumentation repose sur une compréhension totalement erronée de la religion : celle-ci se définit en effet non pas comme un savoir mais comme une croyance. Du *Credo quia absurdum* de Tertullien jusqu'à Kierkegaard qui définit la foi comme un saut paradoxal au-delà de la raison, la théologie a presque toujours fait le départ entre science et croyance, ce qui reviendrait à dire que mon objection est sans valeur. Je suis tout à fait prêt à concéder ce point, mais à une condition : les traditions religieuses et les dires des autorités religieuses ne contiennent pas exclusivement des phrases normatives ou des spéculations métaphysiques sur la relation entre Dieu et les hommes, mais aussi des propos sur la naissance de la Terre et les règles du quotidien qui (indirectement du moins) sont fondées de façon empirique. C'est ici que foi et savoir entrent en contradiction et je pense que l'on peut très bien exiger que certaines allégations soient soumises au test du médecin. Toutes les affirmations qui ne réussissent pas ce test ne devraient alors jouer aucun rôle dans certains contextes.

Tout naturellement, les trois religions abrahamiques se sont transformées de l'intérieur avec l'émergence de nouveaux courants (le judaïsme réformé par exemple, mais aussi les conceptions démythologisées au sein du protestantisme) qui répondent à cette exigence dans la mesure où ils ne contiennent pratiquement plus aucune affirmation empirique, au sens évoqué plus haut. Ce n'est pas un hasard si bon nombre de ces courants démythologisés se sont développés au cours des cent cinquante dernières années, quand il n'était plus possible d'ignorer que la science moderne était intellectuellement incompatible avec certaines prescriptions et autres discours religieux.

Or la grande majorité des confessions et des courants abrahamiques actuels n'ont pas effectué ce processus de démythologisation, et nombre de positions qu'ils défendent ne passeraient pas le test du médecin. On peut bien sûr se demander pourquoi ils devraient accepter ce genre de test et le considérer comme légitime. La réponse est simple : parce que l'immense majorité de leurs adeptes l'appliquent dans presque tous les domaines de leur vie – sauf dans celui de leur propre croyance. Dans ces circonstances, on est en droit de se demander pourquoi ces religions continuent d'affirmer des choses dont l'influence pèse sur le bien-être d'un grand nombre de personnes alors qu'elles ne résistent pas à cet examen de la logique la plus élémentaire. Je vais illustrer mon propos à l'aide de deux exemples. Dans le judaïsme orthodoxe, les femmes n'ont pas le droit de témoigner devant un tribunal – principe fondé dans le Talmud sur le fait que les femmes sont crédules[4]. Ce raisonnement repose sur une allégation qu'il est possible de confirmer ou d'infirmer par un examen empirique. Dans le Talmud, aucune étude n'est évidemment citée ; une telle exigence serait d'ailleurs un anachronisme puisque ce texte a vu le jour au cours des premiers siècles de notre ère. Mais à notre époque, c'est-à-dire la fin de la modernité, il est tout à fait possible d'exiger de la part des sommités qui représentent le judaïsme (ultra)orthodoxe et qui mettent les femmes à l'écart du système judiciaire de justifier, avec tous les moyens disponibles, pourquoi elles persistent à exclure les femmes de la vie publique. Personne ne sera surpris d'apprendre que, jusqu'à aujourd'hui, l'ultraorthodoxie juive ne s'est jamais mise en peine de se livrer à un tel exercice. Pourtant, ces dernières décennies ont vu l'émergence de toute une littérature spécialisée sur les différences psychologiques entre les hommes et les femmes[5], et aucun de ces ouvrages n'a fourni la moindre preuve de l'affirmation talmudique précitée[6] – au contraire : un grand nombre d'études ont montré que les femmes n'étaient ni moins intelligentes ni plus crédules que les hommes[7]. L'égalité des femmes avec les hommes concerne le bien-être de la moitié de l'humanité, toutes les affirmations dans ce domaine doivent donc absolument se fonder sur une opinion responsable. Dans la mesure où les juifs orthodoxes attendent de leurs médecins que les thérapies qu'ils utilisent correspondent à l'état d'avancée le plus récent de la science, nous sommes en droit d'exiger d'eux la même chose quand il en va de la psychologie de la femme. Les affirmations qui sont censées fonder l'infériorité de la femme mais se trouvent en contradiction avec toutes les connaissances et découvertes scientifiques méritent légitimement d'être l'objet d'un mépris civilisé.

Deuxième exemple : la position traditionnelle de l'Église catholique est d'affirmer que l'utilisation du préservatif est « répréhensible » parce qu'il s'oppose au but naturel de l'acte sexuel qui serait celui de la reproduction. Dans les années 1980, lorsque le sida a commencé à se répandre comme une traînée de poudre en Afrique (continent où l'Église catholique exerce une grande influence) pour devenir une catastrophe humanitaire, l'Église s'est retrouvée dans une impasse. Comme le pape de l'époque, Jean-Paul II, jouissait d'une popularité sans précédent, nombreux furent ceux qui espérèrent qu'il allait soutenir des organisations telles que l'OMS dans leur campagne pour l'utilisation du préservatif. Or Jean-Paul II persista à en interdire l'utilisation, suivi dans cette voie par son successeur, Benoît XVI. Comment peut-on justifier une telle interdiction sur la base de simples allégations ? Un argument possible serait de dire que, associée à la condamnation des relations sexuelles hors mariage, cette recommandation pouvait limiter le rapprochement entre les sexes et donc freiner la propagation de l'épidémie. Il y a là une supposition qu'il est facile de réfuter. Jean-Paul II a effectivement dit au cours d'un voyage en Afrique que seule la fidélité dans le mariage pouvait cicatriser « cette plaie tragique qu'est le sida », et Benoît XVI a repris cette thèse en novembre 2010 : selon lui, la distribution de préservatifs et les campagnes d'informations sur leur utilisation n'étaient pas du tout la solution du problème, cela ne faisait même qu'aggraver l'épidémie. L'usage des préservatifs n'était justifié que dans le cas de la prostitution masculine puisqu'il ne s'agissait pas là d'un moyen de contraception[8]. Ces affirmations aux conséquences gravissimes pour des millions de personnes doivent elles aussi être soumises au test du médecin. En effet, je n'ai pas connaissance non plus que l'Église ait eu recours à des études scientifiques pour fonder ses allégations ou ait initié des études visant à étayer l'hypothèse que l'interdiction du préservatif était un frein aux relations sexuelles en dehors du mariage. Les preuves rassemblées par les associations de médecins et les associations humanitaires vont toutes dans le sens contraire : chaque fois que les femmes sont encouragées à exiger l'utilisation de préservatifs, l'infection par le virus recule[9]. Un autre représentant de l'Église catholique est même allé jusqu'à déclarer une chose encore plus bizarre : en 2003, le président alors en exercice du Conseil pontifical pour la famille, le cardinal Alfonso López Trujillo[10], a prétendu que les préservatifs étaient trop poreux pour constituer une barrière efficace contre la transmission du virus VIH – propos sidérants, en contradiction avec toutes les études menées sur ce sujet.

Les prises de position de Jean-Paul II, Benoît XVI et du cardinal López Trujillo sont intenables et de ce fait doivent faire l'objet du mépris civilisé. On peut même ajouter que le terme de « mépris » est peut-être encore trop faible quand on pense à toutes les souffrances engendrées par ces propos irresponsables. Ils sont d'autant plus contestables qu'il y a fort à parier que les papes ne sont pas personnellement convaincus de la véracité de leurs affirmations. Sans doute croient-ils simplement que l'interdiction du préservatif relève de la parole de Dieu et qu'elle est donc intouchable. Ils auraient pourtant dû mettre en évidence le fondement exclusivement religieux de leur position, car en l'enrobant dans une argumentation pseudo-scientifique, ils ont pris le risque de pousser tout le monde à abandonner le préservatif. On aurait donc dû demander aux représentants de l'Église s'ils étaient prêts à assumer l'impact que leurs propos pouvaient avoir sur des protestants ou des musulmans. S'ils l'avaient fait en dépit de tout ce que dit la médecine, ils auraient une fois de plus failli et auraient raté une fois de plus le test du médecin (dont la dénomination prend ici toute sa valeur).

Il ne s'agit là que de deux exemples, mais la

liste pourrait s'allonger. Je ne peux ici que ren-
voyer aux livres de personnalités aussi éminentes
que le biologiste Richard Dawkins[11], le philosophe Daniel Dennett[12] ou l'essayiste Christopher
Hitchens[13], qui pointent encore bien d'autres problèmes. Si leurs œuvres ont rencontré un succès
international, elles ont aussi suscité la critique :
il a été reproché à ces contempteurs de la religion de ne pas comprendre l'essence de la foi,
de refuser de voir que la religion proposait à
l'être humain une forme de sens que ne pour-
ront jamais lui offrir des modes de pensée sécu-
liers, etc.[14]. Cette discussion est assez complexe
et il n'est pas possible de répondre de façon décisive à toutes les questions qui se posent ici. C'est
justement la raison pour laquelle je voudrais que
le test du médecin s'applique aux positions religieuses, dans la mesure où c'est un instrument
facile à utiliser qui permet de soumettre les religions, pour ce qui est de la responsabilité et de
la rationalité, aux mêmes standards que ceux que
nous exigeons des institutions publiques. Le droit
fondamental de la liberté de religion, au sens où
l'entendaient les Lumières et sans lequel nous
retournerions à l'époque de l'Inquisition et des
guerres de Religion, n'est pas aliéné, ce qui ne
veut absolument pas dire, à l'inverse, que les

religions doivent échapper à toute critique : à partir du moment où elles affirment des choses qui touchent à la vie et à la dignité humaine, elles se doivent de correspondre aux exigences que la plupart des croyants imposent à la profession à laquelle ils confient leur santé. Il n'est pas toujours facile de satisfaire à cette exigence : une culture du mépris civilisé exige de nous tous que nous soyons capables de supporter les offenses qui vont de pair avec l'exercice de la critique, surtout quand celle-ci porte sur notre conception du monde.

Supporter les offenses

Le cas Salman Rushdie dont nous sommes partis et les problèmes posés par les allégations religieuses, mais très douteuses d'un point de vue scientifique, que nous venons d'examiner nous amènent à un autre grand principe du mépris civilisé. La vraie liberté de critique, qu'elle s'exprime sur le mode scientifique, poétique ou satirique, ne peut exister que si tous les membres d'une société sont capables de soutenir le mépris civilisé exercé à l'encontre de leurs propres positions et de l'accepter dans une certaine mesure. C'est facile à dire, mais en réalité il s'agit là d'une exigence très forte. Nous sommes tous profondément ancrés dans nos cultures respectives qui constituent notre identité et où viennent converger des aspects à la fois religieux, nationaux, ethniques et politiques. Il est difficile pour chacun de nous, peut-être même impossible parfois, de ne pas se sentir offensés quand les piliers de notre propre culture sont attaqués ou deviennent objets de satire. Il n'est donc pas étonnant que les réactions soient souvent violentes : l'humoriste Lenny Bruce fut arrêté plusieurs fois et cité devant les tribunaux pour avoir pourfendu la pruderie et le racisme et avoir tourné en ridicule les vaches sacrées de la société américaine. Ce n'est qu'après sa mort, en 1966, qu'il devint une icône de la culture pop.

Or que veut dire réagir de façon civilisée au mépris civilisé, ou même réagir en faisant preuve soi-même de mépris civilisé ? Je voudrais répondre à cette question en prenant deux exemples. En 1969, l'auteur juif américain Philip Roth, alors âgé de trente-six ans, publiait son roman *Portnoy et son complexe*. Dans un documentaire datant de 2013, Roth[1] se rappelle que, juste avant la publication de son livre, quand ses parents sont venus le voir à Manhattan, il les a préparés à la sortie de ce roman qui, tout aussi certainement qu'il allait le rendre célèbre, risquait de soulever un immense scandale. Son père lui a raconté plus tard que sa mère était rentrée chez elle en larmes – non parce que son fils avait voulu provoquer la communauté juive, mais parce qu'elle croyait qu'il était devenu mégalomane. Elle aurait, dit-on, été soulagée en apprenant que ce que son fils lui avait dit se réalisait :

en l'espace d'un an, on vendit en effet plusieurs centaines de milliers d'exemplaires, et l'édition en langue anglaise, à elle seule, s'est vendue jusqu'à aujourd'hui à plus de 2,5 millions d'exemplaires. Quant au scandale, il ne se fit pas attendre longtemps non plus : les descriptions détaillées qu'Alexander Portnoy fait à son psychanalyste de ses pratiques masturbatoires adolescentes ne furent pas très bien reçues dans l'Amérique des années 1960 (l'une de ces descriptions incluait une tranche de foie de veau, laquelle tranche était ensuite servie au repas de midi), et le roman fut plus d'une fois qualifié de pornographique.

Mais l'épicentre de l'indignation se situait dans la communauté juive américaine qui avait déjà eu du mal à accepter le premier ouvrage de Roth, un recueil de nouvelles sorti en 1958, *Goodbye, Columbus,* où l'auteur décrit la culture juive et ses traditions familiales. À l'époque déjà, Roth avait brisé un tabou que les juifs avaient ramené du « shtetl » : il n'est pas permis de laver son linge sale sous le regard des goys (les non-juifs), et il est préférable de faire attention à ce que l'on fait – « Les goys nous donnent déjà suffisamment de fil à retordre[2] ! » Or Roth se moque de ce devoir de réserve et enfonce même le clou. Alexander Portnoy, son personnage principal, se plaint auprès de son psychanalyste qu'à cause du sentiment de culpabilité que lui a inculqué sa famille et à cause aussi de l'amour étouffant de sa mère, il perd tous ses moyens dès qu'il se retrouve au lit avec une femme juive (les scènes sont abondamment décrites), ce qui explique pourquoi il cherche de façon obsessionnelle la compagnie des « shikse », c'est-à-dire des femmes non juives.

La communauté juive était dans tous ses états, les critiques les plus extrémistes clamaient à qui voulait les entendre que Roth traînait dans la boue tous les juifs et toutes les valeurs juives, et même des journalistes de grande réputation connus pour leur jugement mesuré, comme Irving Howe, prirent leurs distances avec cet auteur devenu la *bête noire** de beaucoup de juifs américains. Que Roth ait voulu faire la critique de la vie de famille juive ou qu'il ait voulu esquisser, comme on l'a souvent montré de façon convaincante, une satire des intellectuels juifs de sa génération, qui, en rupture avec la génération de leurs parents venus de l'Europe de l'Est, ont développé toutes sortes de névroses, n'est pas une question dont nous allons débattre ici[3]. Ce qui est important pour notre propos, c'est que, en dépit des condamnations

---

* En français dans le texte. *(N.d.T.)*

virulentes, jamais il n'a été menacé, excommunié ou empêché d'une façon ou d'une autre de poursuivre son œuvre. Cette réaction est un parfait exemple de l'attitude qu'il convient d'adopter face à des offenses présentées de façon civilisée : il ne s'agit pas d'aimer ni même de respecter celui qui les a provoquées ; on a le droit de le condamner et de le critiquer à son tour, tant qu'il n'y a pas appel à la violence, censure ou intimidation.

Prenons maintenant un exemple plus proche de nous dans le temps : la comédie musicale *The Book of Mormon* montée à Broadway en 2011 a été récompensée par plusieurs prix et a aussi obtenu un succès considérable au West End à Londres. Elle a été écrite entre autres par Trey Parker et Matt Stone, qui avaient déjà créé les personnages du dessin animé satirique *South Park*. *The Book of Mormon* est une parodie sans concession de la foi et du mode de vie de l'Église de Jésus-Christ des Saints des Derniers Jours ; mais c'est aussi une caricature brutale de l'histoire des mormons et de leur fondateur, Joseph Smith. L'intrigue tourne autour de deux jeunes missionnaires mormons envoyés en Ouganda où ils doivent faire face à des pulsions homosexuelles et cherchent à profiter de la naïveté des indigènes. Cette fois encore, la réaction de l'Église mormone est intéressante à examiner.

La pièce ne fut pas condamnée, tout au plus un communiqué fut publié disant que, si cette comédie musicale pouvait offrir une distraction pour une soirée, en revanche *Le Livre de Mormon* (l'ouvrage du même nom publié par Joseph Smith en 1830) pouvait changer à jamais la vie des fidèles en les rapprochant de Dieu. À aucun moment l'Église n'a exigé le retrait de la pièce ou des changements dans le texte. Et pour ma part je n'ai connaissance d'aucune menace visant les auteurs, les théâtres ayant programmé cette pièce ou les acteurs. Savoir affronter de telles offenses est l'une des conditions primordiales du concept de mépris civilisé et un élément incontournable de l'ordre libéral.

L'attentat contre le journal satirique *Charlie Hebdo*, le 7 janvier 2015, est la preuve s'il en est des terribles conséquences que peut engendrer la logique du politiquement correct, selon laquelle toute critique serait une offense et il faudrait donc faire montre de la plus grande compréhension à l'égard de celui qui a été offensé. Il est hors de doute que *Charlie Hebdo* a tout fait (et j'espère qu'il continuera à le faire) pour blesser des sensibilités religieuses, et cela sans distinction de religions et de confessions[4] – et c'est précisément la marque de ce journal. Que ses dessins plaisent ou déplaisent, peu importe. Au-delà de la douleur et de la colère engendrées par la mort des caricaturistes, on est en droit, même sans idéaliser leur travail, de continuer à défendre la libre expression. Personnellement, je n'ai jamais été un grand amateur de ce genre d'humour, mais j'ai été choqué par cet attentat et j'ai écrit plusieurs articles sur ce sujet dans les journaux et sur mon blog. C'est une question de principe, comme dans le cas des caricatures publiées en 2005 par le journal danois *Jyllands-Posten* et qui représentaient le prophète Mahomet, blessant ainsi de nombreux musulmans.

Il est important, à ce stade, de prévenir une éventuelle fausse interprétation de mes propos : le public et les médias ont aujourd'hui tendance à présenter l'islam comme le principal problème de l'Occident, et au cours des dernières années ce furent effectivement les réactions des musulmans (qu'il s'agisse du livre de Rushdie, du film de Theo Van Gogh ou des caricatures danoises de Mahomet) qui ont mis le problème de la liberté d'opinion et des limites du politiquement correct à l'ordre du jour. Or le concept de mépris civilisé ne vise pas exclusivement cette religion. Il y a bien d'autres contextes, bien d'autres situations où l'exercice de la critique est mal accepté. Le président russe Vladimir Poutine a manipulé la justice pour faire interner dans un camp l'oligarque

Mikhaïl Khodorkovski qui, depuis 2000, se montrait de plus en plus critique vis-à-vis du régime. Poutine a fait aussi plusieurs fois mettre en prison l'opposant et ancien champion du monde d'échecs Garry Kasparov ; le cas des activistes de Pussy Riot condamnées, en août 2012, à deux ans d'emprisonnement en camp de travail pour vandalisme et incitation à la haine religieuse a alerté l'opinion du monde entier.

Aux États-Unis, des fondamentalistes protestants usent aussi de la violence ; au cours des dernières années, plusieurs cliniques pratiquant l'avortement ont été incendiées et plusieurs gynécologues ont été blessés. En Israël, je suis confronté presque chaque jour au mépris des rabbins ultraorthodoxes envers d'autres communautés (ne disent-ils pas par exemple que les non-juifs n'ont été créés par Dieu que pour servir les juifs, que les homosexuels sont semblables à des bêtes ou que les Israéliens athées n'ont pas le droit d'exercer leur métier de juge dans des procédures où sont impliqués des juifs pratiquants ?), alors qu'eux-mêmes ne supportent pas quand leurs positions sont qualifiées de primitives, immorales et irrationnelles. Cette incapacité des ultraorthodoxes à souffrir la moindre critique peut ici aussi très vite basculer vers la violence : Zeev Sternhell, qui écrit comme moi pour le journal *Haaretz* et qui s'en est pris plusieurs fois à la politique d'occupation israélienne, a été blessé devant chez lui à Jérusalem dans un attentat, en septembre 2008 ; un colon ultranationaliste a avoué ensuite avoir été l'auteur de cet acte. À l'époque de la mondialisation, être capable de se trouver sous le feu de la critique et supporter les offenses est devenu une exigence. Cette capacité est garante d'une coexistence pacifique. Si nous cédons devant un islam radical qui, depuis Téhéran ou Karachi, fait un casus belli de caricatures publiées au Danemark et de romans édités en Grande-Bretagne, et légitime ainsi des déferlements de violence à Copenhague, Oslo ou Paris, on ne pourra plus jamais parler et écrire librement. L'affaire Rushdie nous a déjà appris que, à trop ménager les susceptibilités religieuses, on court un grand risque. En effet, si les fondamentalistes de tous bords, qu'il s'agisse de musulmans s'estimant blessés par des caricatures, de fondamentalistes chrétiens opposés à l'avortement ou de juifs ultraorthodoxes qui jettent hors du bus les femmes qui ne veulent pas s'asseoir à l'arrière, en arrivent à la conclusion qu'ils peuvent parvenir à leurs fins en recourant à la violence, c'est tout l'ordre libéral qui se trouve menacé.

La passion de la liberté

Certains pourraient ne voir dans le principe de mépris civilisé qu'une manière à peine voilée d'affirmer que l'Occident est supérieur au reste du monde, chose qui ne serait, ni plus ni moins, qu'un retour aux erreurs du passé. La réponse à cette objection est complexe : j'ai déjà mentionné qu'il y avait eu des mouvements similaires aux Lumières en dehors de l'Europe et que l'esprit critique n'était pas l'apanage du seul Occident. Mais à quoi bon remettre en cause le politiquement correct si c'est pour y succomber à mon tour, alors je le dis haut et clair : personne ne peut sérieusement nier que le mouvement des Lumières, encore effectif jusqu'à nos jours, a pris sa source dans l'Europe du XVIIᵉ siècle et qu'il a transformé de façon radicale la civilisation humaine par les apports de la science, de la technologie ainsi que par des formes d'organisation et des institutions politiques ayant toutes leur origine en Europe[1]. Il serait en outre hypocrite de contester le fait que l'Occident continue à exercer une position dominante dans le domaine des sciences et de la technologie et que l'anglais, comme le latin autrefois, est devenu la lingua franca du monde universitaire – et cette fois à un niveau véritablement mondial[2] : même les scientifiques russes, chinois, japonais ou pakistanais qui veulent que leurs travaux trouvent un écho sont obligés de publier en anglais, ce qui est parfois difficile non seulement pour les gens n'appartenant pas à une culture occidentale, mais aussi pour des Français, par exemple, dont la langue fut la lingua franca du XIXᵉ siècle et qui ont du mal à accepter la perte de leur statut de grande nation. Enfin, personne ne va remettre en question le fait que la philosophie politique qui a servi de base à l'État moderne est née en Europe. Toutes ces données peuvent paraître offensantes pour des personnes non occidentales, mais il est impossible de les ignorer, et rien, pas même le recours à un discours plus politiquement correct, ne pourra y changer quoi que ce soit. La puissance de rayonnement des conquêtes occidentales au niveau scientifique et technique ne se limite pas à l'Europe et à l'Amérique du Nord : même les fondamentalistes musulmans, juifs ou hindouistes souhaitent que leurs enfants, s'ils sont malades, soient soignés avec les antibiotiques les plus performants et des scanners, si nécessaire – malheureusement, ils veulent aussi des armes atomiques et des missiles guidés par laser pour leurs armées –, et ils se moquent bien de savoir, dans ces cas-là, d'où viennent ces technologies. La question de savoir si l'esprit critique, la capacité d'innovation et d'organisation effective sont des qualités spécifiquement occidentales ou si, comme l'affirment les Lumières, c'est là l'expression d'une raison humaine universelle, est l'objet d'un débat qui dure depuis des décennies[3], et ce n'est pas ici le lieu pour en discuter. Prétendre que les non-Occidentaux ne sont pas en mesure d'avoir une pensée critique ou des capacités scientifiques serait absurde et raciste, si l'on se réfère aux innombrables preuves du contraire et à la foule de chercheurs, artistes et écrivains issus d'autres régions du monde. Le danger que, sous couvert de mépris civilisé, se manifestent des pulsions primitives comme la xénophobie, le racisme ou l'intolérance religieuse est bien réel. Au XIXe siècle, un grand nombre de discours pseudo-scientifiques ont accrédité cette tendance : la psychiatrie essayait par exemple de prouver, dans différents contextes, que les individus des territoires colonisés étaient biologiquement et intellectuellement inférieurs aux Blancs. Comme l'a bien montré Hannah Arendt dans son ouvrage sur les origines du totalitarisme[4], l'impérialisme s'en trouvait de ce fait légitimé mais aussi converti en une obligation morale. Des arguments analogues ont été utilisés en Europe : l'historien de la médecine et de la culture Sander Gilman a mis en évidence combien l'antisémitisme moderne n'était qu'une transmutation dans le langage de la biologie de la haine traditionnelle envers les juifs. On n'était plus très loin des théories racistes d'Alfred Rosenberg et de ses applications par le régime nazi. Il y a un énorme danger à rationaliser les pulsions les plus primitives en recourant à des thèses pseudo-scientifiques.

Ce détournement de la science par les théoriciens racistes de la fin du XIXe siècle et surtout par les nazis a conduit de nombreux auteurs à conclure faussement que les Lumières portaient en elles le germe de la déshumanisation et des massacres techniquement organisés. Le livre de Horkheimer et Adorno intitulé *La Dialectique de la raison* n'en est qu'un des premiers exemples particulièrement significatifs[5]. Cette thèse a été réfutée par les grandes études historiques et philosophiques sur la naissance du fascisme en général et sur l'idéologie nationale-socialiste en particulier (que l'on pense aux œuvres de George Mosse[6], Zeev Sternhell[7], Peter Gay[8], Ernest Gellner[9] et de bien d'autres encore) : le fascisme prend surtout sa source dans les idées fondatrices du romantisme politique, pour qui le peuple, la culture et le sol représentaient la sainte trinité de la nation. Ce faisant, il s'agissait surtout de la tentative désespérée de défendre la conception idéalisée de la communauté « naturelle » et « enracinée dans le sol » contre les inévitables conséquences de la modernisation dont les juifs déracinés, citadins et doués en affaires étaient rendus responsables. La même chose est valable pour le stalinisme, autre variante du totalitarisme, qui faisait de la théorie critique de Marx un dogme intouchable.

Les Lumières n'ont pas failli, mais elles représentent un projet inabouti, comme n'a cessé de le souligner Habermas[10]. Elles ne peuvent d'ailleurs jamais être véritablement accomplies : l'idée que les Lumières sont une doctrine politique salvatrice capable d'apporter la rédemption est une fausse interprétation qui a déjà conduit à bien des catastrophes. Au sens strict du terme, les Lumières sont un processus sans fin, dans le cadre duquel l'humanité ne cesse de prendre conscience qu'aucune problématique n'a de solution finale, et j'emploie ici exprès le terme de « solution finale », dans une intention polémique[11]. Le savoir humain est toujours de nature provisoire, ce qui fait que la critique, comme moyen d'autocorrection, est la seule possibilité d'aborder de nouveaux problèmes. Le milieu dans lequel ces processus d'apprentissage sans fin fonctionnent le mieux est une société ouverte au sens où l'entend Karl Popper[12].

Celui qui interprète les Lumières comme une doctrine téléologique salvatrice capable de conduire à terme à un monde meilleur et à cette paix perpétuelle évoquée par Kant sera forcément déçu qu'elles n'aient pas encore produit cet état paradisiaque. C'est justement cette déception qui a conduit Walter Benjamin et Theodor Adorno à se défier des Lumières et les postmodernes à les stigmatiser comme un outil politique uniquement tourné vers le contrôle et obnubilé par le pouvoir. Seule une compréhension plus modeste des Lumières et une conscience des limites de l'homme, animal civilisé capable de conscience réflexive, nous permettra de ne pas tomber dans le piège des systèmes totalitaires[13]. Le principe du mépris civilisé doit être compris comme un expédient des Lumières inaccomplies et donc pensé dans ce cadre. Mais le mépris n'est vraiment civilisé que lorsqu'il est fondé sur des connaissances scientifiques et une argumentation solide qui doit être à tout moment soumise à une critique rigoureuse, et il ne peut servir de prétexte pour humilier les gens qui pensent autrement et limiter leurs droits humains.

Je ne peux pas, ici, aborder la question difficile de savoir dans quelle mesure les idéaux des Lumières sont totalement compatibles avec d'autres cultures et s'il est même souhaitable et légitime de les implanter partout. Ainsi que je le disais au début de cet essai, ce qui domine actuellement dans les sciences politiques, c'est l'idée que l'économie de marché libre et démocratique ne va pas forcément dominer le monde et qu'elle est mise en concurrence avec toute une série d'autres modèles qui vont continuer à coexister[14]. L'idée d'un ordre libéral international, que Kant appelait déjà de ses vœux à la fin du XVIIIᵉ siècle et qui devrait être réalisée par des institutions telles que les Nations unies, semble également remise aux calendes grecques. Tout le monde sait que l'ONU est une organisation dont les dysfonctionnements empêchent la réalisation d'un ordre de droit universel ; elle est en fait une arène où les grandes puissances et les blocs régionaux ne font de la politique que dans leurs propres intérêts et se font souvent barrage mutuellement. Le monde libre, j'entends par là le groupement des États qui appliquent les principes libéraux (élections libres, séparation des pouvoirs, liberté d'opinion et autres droits fondamentaux, existence d'une société civile indépendante, culture de l'opinion responsable), correspond plus ou moins de nos jours à ce que nous entendons par Occident. On trouve bien sûr aujourd'hui des institutions garantes de libertés dans des États tels que le Japon, la Corée du Sud et l'Inde, mais il ne faut pas partir du principe que la liberté va se répandre sur tout le globe. L'affirmation selon laquelle cet ordre politique et social fondé sur la liberté est étroitement lié à la culture occidentale, qui en est historiquement la source, ne peut être réfutée sur la seule base du politiquement correct. De nombreux indices empiriques tendent à le prouver. C'est d'ailleurs cet état de fait qui a conduit le grand historien français Fernand Braudel, bien avant Samuel Huntington, à considérer l'Occident comme la seule civilisation centrée autour de la notion de liberté[15].

Réaffirmer que l'Occident, au terme d'un douloureux processus historique, a produit la philosophie politique libérale et ses institutions est une chose. Mais à quoi bon, si les héritiers de ces grandes idées s'en détournent et que, en accord avec le politiquement correct, ils abandonnent les outils intellectuels nécessaires à la défense des valeurs occidentales ? Ce diagnostic rappelle à plus d'un titre la position de Nietzsche qui, à la fin du XIXᵉ siècle, avait constaté que la culture occidentale était en train de produire le « Dernier Homme » :

> « Nous avons inventé le bonheur » – diront les Derniers Hommes en clignant des yeux. Ils auront abandonné les contrées où il était difficile de vivre : car on a besoin de chaleur. On aimera encore son voisin et on se frottera contre lui, car on a besoin de chaleur.
>
> Tomber malade et se montrer méfiant passera à leurs yeux pour des péchés : on avancera prudemment. Il faudra être un fou pour trébucher encore sur des pierres ou des hommes !
>
> Un peu de poison de temps en temps : cela procure des rêves agréables. Et beaucoup de poison à la fin pour une mort agréable.
>
> On travaillera encore, car le travail sera un divertissement. Mais on veillera à ce que ce divertissement ne soit pas corrosif[16].

C'est le politologue Francis Fukuyama qui, après la chute du Mur, a repris ce diagnostic résigné lorsqu'il a annoncé que la fin de l'histoire déjà envisagée par Hegel était arrivée[17]. Vient donc maintenant l'époque du dernier homme, annoncée par Nietzsche, homme pour qui le summum du bonheur est, selon Fukuyama, de pouvoir se payer une Toyota Camry garantie quatre ans, voiture dont la principale caractéristique est de n'avoir aucun caractère : elle est fiable, économique et facile à assurer. Vingt-cinq ans plus tard, on pourrait ajouter : qui a encore besoin de la révolution prolétarienne si les « prolétaires » ont un iPhone, un téléviseur à écran plat capable de recevoir une centaine de chaînes et un abonnement dans une salle de fitness ? Le Dernier Homme est uniquement occupé à limiter les risques, jusqu'à vouloir se faire assurer contre ceux encourus dans les sports extrêmes. La vie devient alors un pur exercice de réduction des risques, un exercice qu'il s'agit de pratiquer en restant toujours en bonne santé et sans rencontrer d'incidents majeurs. La politique n'est plus qu'un management lisse et sans aspérité. Le débat est entièrement dominé par les sujets économiques[18]. Taux d'imposition et contributions sociales, changements minimes dans la hiérarchie du patrimoine, stabilisation de la monnaie et recul du chômage – tels sont les sujets clefs de toute campagne électorale. Le Dernier Homme ne veut plus ni faire la grande histoire ni la vivre : celle-ci ne fait qu'entraîner de l'instabilité, elle déséquilibre les retraites et met en péril les vacances prévues dans les Caraïbes et l'achat de la nouvelle voiture. Le seul sujet de préoccupation dans les pays industrialisés, c'est l'avenir financier des enfants, dans la mesure où un diplôme de fin d'études ou même un doctorat ne garantit pas automatiquement l'obtention d'un emploi assurant des revenus confortables et un bon statut social. Pour le Dernier Homme, les enfants représentent un énorme fardeau sur le plan financier. À la différence d'autrefois, ils ne constituent plus une main-d'œuvre supplémentaire pour les travaux des champs ou dans l'entreprise familiale, au contraire : on est maintenant obligé d'épargner pour financer leur formation. Les enfants sont aussi devenus un poids émotionnel, puisqu'ils ne se sentent plus obligés à la gratitude et au respect. Ils n'arrêtent pas de faire des reproches à leurs parents, disant que ceux-ci n'ont pas été assez sensibles et compréhensifs et que, de ce fait, ils ne peuvent pas trouver le bonheur qu'ils considèrent comme un droit lié à leur naissance[19]. Devant ces tristes perspectives où les pertes financières n'égalent que les pertes émotionnelles, le Dernier Homme en arrive à la conclusion qu'il vaut mieux investir dans des cours de yoga, des vacances au ski ou dans la chirurgie esthétique l'argent durement gagné et l'énergie ainsi dépensée.

Ce panorama est peut-être un peu forcé, mais il repose sur un fond de vérité. Le Dernier Homme voudrait simplement qu'on le laisse tranquille pour pouvoir se concentrer sur sa carrière, sa famille et ses loisirs, sans devoir flirter avec des passions, qu'elles soient politiques ou autres. Les grandes idées, comme le dit Nietzsche, ne touchent plus le Dernier Homme, vu qu'il n'aspire qu'à la sécurité. Et c'est justement cette sécurité qui est aujourd'hui menacée par le choc des conceptions du monde et des cultures, et le Dernier Homme se voit confronté à une question qu'il préférerait évacuer : comment peut-on justifier et défendre avec passion l'ordre libéral et les valeurs de l'Occident sans retomber dans les travers d'autrefois et se rendre coupable des anciens péchés tels que le racisme et le colonialisme ? Les citoyens des États libéraux sont-ils condamnés à devenir des Derniers Hommes apathiques sans plus aucune passion existentielle, se contentant simplement de gérer les risques, d'avoir du succès et de quoi se divertir ? Les études psychologiques et sociologiques ne laissent aucun doute sur le fait que les religions et les doctrines politiques promettant le salut sont susceptibles d'apporter à l'homme ce

fameux sens profond de la vie que l'ordre libéral, en toute logique, ne peut plus offrir[20]. C'est
là le grand paradoxe : la faiblesse intrinsèque de
la conception libérale du monde. Elle repose sur
l'idée que, si les religions et les idéologies politiques ont certes contribué à construire, au cours
de l'histoire, des identités et des collectivités très
fortes, elles ont aussi engendré beaucoup de souffrances : contraintes confessionnelles de toutes
sortes, l'Inquisition, guerres de Religion, discrimination dont ont été victimes ceux qui pensaient différemment, jusqu'aux régimes totalitaires
qui, au nom d'une vérité imposée, ont créé l'enfer sur terre. Les libéraux considèrent non sans
effroi tous ces phénomènes. Ils voient à juste titre
une terrible menace dans le fantasme engendré
par les grandes doctrines sotériologiques. Tirant
les conclusions de cet alarmant constat, le libéralisme a décrété que les idéologies ne doivent
plus jamais être amenées à déterminer la politique.
Elles sont remplacées par la liberté individuelle
et par le droit à décider de sa vie en son âme et
conscience, à exprimer ouvertement ses opinions
et à ne devoir redouter aucune autorité.

Tout l'enjeu, c'est de réveiller cette passion
existentielle pour la liberté, surtout lorsque celle-
ci est menacée ou réprimée. Au début de ce que

l'on appelle l'époque moderne, c'était encore le cas. Spinoza, le premier vrai philosophe moderne à plus d'un titre, fut contraint de se cacher pour écrire et il a décidé de ne pas faire publier de son vivant son œuvre majeure, l'*Éthique*, pour ne pas s'exposer à des représailles. Un siècle plus tard, Voltaire était encore obligé de fuir les autorités françaises à cause de ses critiques acerbes contre l'Église et la monarchie. Immanuel Kant, l'un des premiers et des plus grands philosophes des Lumières à avoir occupé une chaire universitaire, faisait très attention à se montrer déférent envers Frédéric le Grand pour ne pas avoir d'ennuis[21]. Même au XXe siècle, la liberté était encore une aventure – que l'on pense aux membres de la Résistance en France ou aux dissidents soviétiques comme Andreï Sakharov et Natan Sharansky. Mais, à partir de 1945, la lutte pour la liberté en Occident (mis à part quelques cas particuliers comme la lutte pour la suppression de la discrimination des Noirs aux États-Unis et la décriminalisation de l'homosexualité dans quelques pays européens) s'est trouvée cantonnée aux livres d'histoire ou aux journaux qui parlaient de la situation dans les pays socialistes comme la Hongrie, la Tchécoslovaquie et la Pologne ou, dernièrement, des révolutions en Tunisie, en Libye et en Égypte.

La garantie de liberté va de soi et comme tout ce qui va de soi, cela n'est pas de nature à donner du sens à l'existence, à engendrer des passions. Comme théorie pure, le patrimoine intellectuel des Lumières est visiblement trop ennuyeux pour éveiller un intérêt durable. Le politiquement correct partait d'une bonne intention : la liberté acquise devait être préservée par les bonnes manières et une bienveillance généralisée. Et surtout, il semblait que l'on ne reviendrait jamais sur cet acquis ; il suffisait d'attendre que le reste du monde nous rattrape sur cette voie, quitte à le soutenir à coups de milliards pour faire taire notre mauvaise conscience d'Occidental. Or, c'est justement là le danger : en Occident, la liberté n'a plus rien de nouveau ni de particulier ; cela fait bien longtemps que les individus n'ont plus besoin d'œuvrer pour elle. N'ayant pas d'autres perspectives pour lesquelles se battre au quotidien, l'homme dépense toute son énergie à s'entraîner pour le prochain marathon. Tout au plus éprouve-t-on encore quelques frissons en voyant certains reality-shows qui ont envahi nos écrans de télévision ou en prenant connaissance des scandales où sont impliquées certaines personnes très connues.

Cette liberté n'est pas immuable. L'Occident va devoir faire face à des temps difficiles : la population en Europe diminue, et à moins de faire appel à l'immigration, les économies de la plupart des États vont s'effondrer. Cette dernière question n'est pas débattue assez ouvertement, entre autres parce que les partis de gauche et du centre refusent, dans le bon respect du politiquement correct, de développer une politique d'immigration cohérente qui définirait clairement – comme au Canada – les besoins culturels et économiques de chacun des pays concernés. Se développe alors très rapidement un vague sentiment de menace qui trouve son expression dans des fantasmes islamophobes et qui pousse les citoyens vers les partis populistes de droite. De prétendus défenseurs de la culture nationale émergent, qu'il s'agisse de groupements comme le parti UDC (Union démocratique du centre) en Suisse ou de personnes comme Marine Le Pen en France et Geert Wilders aux Pays-Bas. Or les populistes de droite sont les pires représentants possibles de la tradition occidentale. Ils se sont spécialisés dans le commerce de la peur et trahissent les plus importantes conquêtes des Lumières : capacité de faire la distinction entre les conquêtes culturelles d'envergure et le populisme le plus banal. Et surtout la liberté de pensée, liberté qui ne peut prospérer dans un climat de haine, de xénophobie et de petitesse intellectuelle et émotionnelle, mais suppose au contraire un esprit critique sans lequel la créativité scientifique, technologique et artistique ne peut s'épanouir.

Le danger ne vient pas de l'intérieur. Cela fait plus de dix ans que je travaille pour des organisations qui étudient le terrorisme au niveau mondial. La situation est plus préoccupante que jamais : les organisations terroristes islamistes essaient de se procurer des armes atomiques, ce qui pourrait être plus facile qu'on ne le croit, vu le chaos ambiant. Les chercheurs avec qui je travaille n'excluent pas la possibilité d'un attentat dont l'ampleur laisserait loin derrière elle celle du 11-Septembre – et ceux qui évoquent ce scénario ne sont pas des gens ayant des orientations de droite, uniquement préoccupés d'attiser la peur, mais des scientifiques de tendance libérale et plutôt orientés à gauche comme Richard Garwin, Marc Sageman, Scott Atran et John Alderdice. Leur travail est motivé par l'espoir d'empêcher que les réactions occidentales aux attentats ne détruisent ce que nous cherchons à défendre : l'ordre libéral et l'amour de la liberté. Les exemples prouvant que le risque est déjà bien réel ne manquent pas : les prisons de Guantánamo, les tortures systématiques pratiquées par la CIA, la destruction de la sphère privée par la NSA et autres services secrets, ainsi que la montée de l'extrême droite en Europe. Voilà pourquoi il est très important que l'Europe, berceau des idéaux de la liberté, prenne conscience que ceux-ci ne doivent pas être laissés sans défense, et encore moins à la garde des partis d'extrême droite. Et le mépris civilisé me paraît être une alternative efficace.

Je me rends bien compte que mes propos feront parfois écho du mauvais côté et que je recevrai le soutien d'individus que je dénonce. Il est aussi possible que certains lecteurs en viennent à penser que mes réflexions sont sous-tendues par une forme de paranoïa ou de nostalgie conservatrice, voire réactionnaire. Ce n'est bien sûr pas mon intention : peut-être parce que, au Proche-Orient et même dans l'oasis démocratique et libérale que représente Israël, la liberté ne cesse d'être menacée par des forces d'extrême droite et ultraorthodoxes, elle continue d'être pour moi une aventure dans laquelle il est nécessaire de se lancer. Pendant que j'écris ces lignes, je sais que dans un rayon de mille cinq cents kilomètres, des homosexuels et des femmes adultères sont exécutés en public. En Israël même, il n'y a pas de véritable séparation entre la religion et l'État : ceux qui, comme moi et ma femme, ne veulent pas se laisser prescrire leurs rites de mariage par le rabbinat orthodoxe sont forcés d'aller se marier à l'étranger. Certes, les libres-penseurs ne sont pas opprimés ou persécutés en Israël, mais nous sommes une minorité et nous avons de moins en moins d'influence au niveau politique. La lutte pour la liberté n'est pas aussi impérative en Israël qu'à Damas, Beyrouth, Le Caire ou Téhéran – mais, même en Israël, la liberté ne va pas de soi. Certains lecteurs vont probablement considérer cet essai comme une réaction de panique de la part d'un libéral de gauche, comme un recueil d'idées ayant depuis longtemps perdu toute pertinence dans un monde « vraiment » libre. Je me permets de mettre en doute cette opinion. L'avenir nous montrera si la passion de la liberté est une relique du passé ou au contraire une discipline indispensable pour faire face à de futurs dangers.

Notes

Quand la culture occidentale
marque contre son camp

1. Fukuyama, Francis : *La Fin de l'histoire et le Dernier Homme* (titre original anglais : *The End of History and the Last Man,* 1992). Paris, éd. Flammarion, coll. « Histoire », 1992.

2. Huntington, Samuel : *Le Choc des civilisations et la refondation de l'ordre mondial* (titre original anglais : *The Clash of Civilizations and the Remaking of World Order,* 1996). Paris, éd. Odile Jacob, 1997.

3. Cf. Kupchan, Charles : *No One's World. The West, the Rising Rest, and the Coming Global Turn.* Oxford, éd. Oxford University Press, 2012.

4. Un bon aperçu de ces espoirs et de ces déceptions nous est donné par le livre de Henry Kissinger : *World Order.* New York, éd. Penguin Press, 2014.

5. Sarrazin, Thilo : *L'Allemagne disparaît* (titre original allemand : *Deutschland schafft sich ab. Wie wir unser Land aufs Spiel setzen,* 2010). Paris, éd. du Toucan, 2013.

6. Cf. Haller, Michael et Niggeschmidt, Martin : *Der Mythos vom Niedergang der Intelligenz. Von Galton bis Sarrazin : Die Denkmuster und Denkfehler der Eugenik* [non traduit : « Le

mythe du déclin de l'intelligence. De Galton à Sarrazin ».]
Wiesbaden, éd. Springer VS, 2012.

7. Houellebecq, Michel : *Soumission*. Paris, éd. Flammarion, 2015.

8. Braudel, Fernand : *Grammaire des civilisations*. Paris, éd. Arthaud, 1987.

9. Lewis, Bernard : *Que s'est-il passé ?* (titre original anglais : *What Went Wrong ?*). Paris, éd. Gallimard, 2002.

10. Bruckner, Pascal : *La Tyrannie de la pénitence. Essai sur le masochisme occidental*. Paris, éd. Grasset, 2006.

11. Finkielkraut, Alain : *La Défaite de la pensée*. Paris, éd. Gallimard, 1987.

12. Bloom, Harold : *The Western Canon. The Books and School of Ages*. New York, éd. Harold Bloom, 1994.

13. Lévy, Bernard-Henri : *Ce grand cadavre à la renverse*. Paris, éd. Grasset, 2007.

14. Taylor, Charles : *Multiculturalisme. Différence et démocratie* (titre original anglais : *The Malaise of Modernity*, 1992). Paris, éd. Aubier, 1993.

15. Huntington, Samuel : *Qui sommes-nous ?* (titre original anglais : *Who are We? The Challenge to America's National Identity,* 2004). Paris, éd. Odile Jacob, 2004.

16. Bruckner, Pascal : *Le Sanglot de l'homme blanc. Tiers-monde, culpabilité, haine de soi*. Paris, éd. Le Seuil, 1983.

17. Strenger, Carlo : *La peur de l'insignifiance nous rend fous* (titre original anglais : *The Fear of Insignificance. Searching for Meaning in the Twenty-first Century*, 2011). Paris, éd. Belfond, 2013.

Notes

Le cas Salman Rushdie

1. Rushdie, Salman : *Les Versets sataniques* (titre original anglais : *The Satanic Verses*, 1988). Paris, éd. Christian Bourgois, 1989.

2. Anton, Joseph : *Une autobiographie. Salman Rushdie.* Paris, éd. Plon, 2012.

3. Hitchens, Christopher : *Hitch-22 : A Memoir.* Londres, éd. Atlantic Books, 2010.

4. La querelle par articles interposés se trouve dans les pages du *Guardian* qui publie les lettres sur son site. On peut aussi s'en procurer des copies sur : www.theguardian. com/theguardian/from-the-archive-blog/2012/nov/12/salman-rushdie-john-le-carre-archive-1997. La controverse s'est finalement terminée en 2012.

5. Cf. Hitchens : *Hitch-22* et notamment le chapitre intitulé « Salman ».

6. Hirsi Ali, Ayaan : *Nomade. De l'Islam à l'Occident, un itinéraire personnel et politique.* Paris, éd. Robert Laffont, 2010.

7. *Ibid.*

8. Cf. Pearson, Roger : *Voltaire Almighty. A Life in the Pursuit of Freedom.* Londres, éd. Bloomsbury, 2005.

9. Mittelstaedt, Juliane von : « Der Angsthändler » [non traduit : « Le marchand de peur »], in : *Der Spiegel*, n° 46, 2009, p. 109-112.

La naissance du principe de tolérance au temps des Lumières

1. Walzer, Michael : *On Toleration.* New Haven, éd. Yale University Press, 1997.

2. Sen, Amartya : *L'Inde. Histoire, culture et identité* (titre

original anglais : *The Argumentative Indian : Writings on Indian History, Culture and Identity)*. Paris, éd. Odile Jacob, 2007.

3. Voir à ce sujet et sur ce qui suit : Israel, Jonathan : *Les Lumières radicales. La philosophie, Spinoza et la naissance de la modernité (1650-1750)* [titre original anglais : *Radical Enlightenment. Philosophy and the Making of Modernity, 1650-1750*, 2001]. Paris, éd. Amsterdam, 2005.

4. Voir à ce sujet et sur ce qui suit : Randall, John-Herman : *Career of Philosophy in Modern Times*, 2 vol. New York, éd. Columbia University Press, 1962-1965.

5. Gillispie, Charles Coulston : *The Edge of Objectivity. An Essay in the History of Scientific Ideas.* Princeton, éd. Princeton University Press, 1960.

Colonialisme et guerres mondiales

1. Israel, Jonathan : *Revolutionary Ideas. An intellectual History of the French Revolution from the Rights of Man to Robespierre.* Princeton, éd. Princeton University Press, 2010.

2. Cf. Arendt, Hannah : *Les Origines du totalitarisme* (titre original allemand : *Elemente und Ursprünge totaler Herrschaft. Antisemitismus, Imperialismus, totale Herrschaft*). Paris, éd. Gallimard, 2002.

3. Hobsbawm, Eric : *L'Ère des empires 1875-1914* (titre original anglais : *The Age of Empire*, 1987). Paris, éd. Fayard, 1989.

4. Judt, Tony : *Après-guerre. Une histoire de l'Europe depuis 1945.* Paris, éd. Armand Colin, 2007.

5. Gadamer, Hans-Georg : *Vérité et méthode* (titre original allemand : *Wahrheit und Methode. Grundzüge einer philosophischen Hermeneutik*, 1965). Paris, éd. Le Seuil, Tübingen : Mohr (Siebeck) 1976-1996.

Notes

L'essor du politiquement correct

1. Aron, Raymond : *L'Opium des intellectuels*. Paris, éd. Calmann-Lévy, 1955.

2. Lyotard, Jean-François : *La Condition postmoderne. Rapport sur le savoir*. Paris, éd. de Minuit, 1979.

3. Habermas, Jürgen : *Le Discours philosophique de la modernité* (titre original allemand : *Der philosophische Diskurs der Moderne. Zwölf Vorlesungen,* 1985). Paris, éd. Gallimard, 1988.

4. Depuis des décennies, Noam Chomsky est l'un des critiques les plus virulents de la politique américaine. On peut trouver un panorama de ses idées dans un recueil établi par une édition autrichienne : *Die Herren der Welt. Essays und Reden aus fünf Jahrzehnten* [non traduit : « Les maîtres du monde. Essais et discours »]. Vienne, éd. Promedia, 2014.

5. Galbraith, John Kenneth : *Le Nouvel État industriel.* Paris, éd. Gallimard, 1968.

6. Foucault, Michel, *Le Gouvernement des vivants. Cours du Collège de France*. Paris, éd. EHESS, Gallimard, Le Seuil, 2012.

7. Michel Foucault, qui a souvent été perçu à tort comme un relativiste, a expressément réfuté cette position dans son article « Qu'est-ce que les Lumières », in : *Dits et écrits*, tome IV, texte n° 339.

8. Bruckner, Pascal : *La Tyrannie de la pénitence, op. cit.*

9. Finkielkraut, Alain : *La Défaite de la pensée, op. cit.*

10. Bloom, Allan : *L'Âme désarmée, essai sur le déclin de la culture générale* (titre original anglais : *The Closing of the American Mind,* 1987). Paris, éd. Julliard, 1987.

11. Strenger, Carlo : *La peur de l'insignifiance nous rend fous, op. cit.*

12. Jacoby, Susan : *The Age of American Unreason.* New York, éd. Pantheon Books, 2008.

Se forger une opinion responsable : le test du médecin

1. Jacoby, Susan : *The Age of American Unreason, op. cit.*

2. Woodward, Bob : *Plan d'attaque* (titre original anglais : *Plan of Attack,* 2004). Paris, éd. Denoël, 2004.

3. Francis Fukuyama, assimilé à tort à cette prophétie néo-conservatrice, a fortement critiqué cette dernière. Cf. Fukuyama, Francis : *D'où viennent les néoconservateurs ?* (titre original anglais : *America at the Crossroads. Democracy, Power, and the Neoconservative Legacy,* 2006). Paris, éd. Grasset, 2006.

4. Nuccitelli, Dana : « 97 % global warming consensus meets resistance from scientific denialism », *The Guardian* (28 mai 2013), disponible sur Internet : www.theguardian.com/environment/climate-consensus-97-per-cent/2013/may/28/global-warming-consensus-climate-denialism-characteristics.

5. Kurtz, Howard : « College faculties are a most liberal lot, study finds », *Washington Post* (29 mai 2005), disponible sur Internet : www.washingtonpost.com/wp-dyn/articles/A8427-2005Mar28.html.

6. Jacoby, Susan : *The Age of American Unreason, op. cit.*

7. Cf. Nuccitelli, Dana : « 97 % global warming consensus meets resistance from scientific denialism », *op. cit.*

8. Barnett, Tony/Whiteside, Alan : *AIDS in the Twenty First Century. Disease and Globalization.* New York, éd. Palgrave MacMillan, 2006.

9. Brockman, John : *The Third Culture. Beyond the Scientific Revolution.* New York, éd. Simon & Schuster, 1995.

10. Atran, Scott : *Talking to the Enemy. Religion, Brotherhood, and the (Un)Making of Terrorists*. New York, éd. Ecco, 2011.

11. *Ibid.*

12. Haller, Michael et Niggeschmidt, Martin (éd.) : *Der Mythos vom Niedergang der Intelligenz, op. cit.*

13. Gellner, Ernest : *Nations et nationalisme* (titre original anglais : *Nations and Nationalism*, 1983). Paris, éd. Payot, 1989.

14. Pour la suite, cf. Morris, Benny : *Victimes. Histoire revisitée du conflit arabo-sioniste* (titre original anglais : *Righteous Victims. A History of the Israel-Arab Conflict, 1881-1999*). Paris, éd. Complexe, 2003.

15. Nusseibeh, Sari : *Once Upon a Country. A Palestinian Life,* écrit avec Anthony David. New York, éd. Farrar, Straus and Giroux, 2007.

16. Mallmann, Klaus-Michael/Cüppers, Martin : *Croissant fertile et croix gammée. Le IIIᵉ Reich, les Arabes et la Palestine* (titre original allemand : *Halbmond und Hakenkreuz. Das Dritte Reich, die Araber und Palästina*, 2006). Lagrasse, éd. Verdier, 2009.

17. Myre, Greg : « Soft spoken but not afraid to voice opinions », *New York Times* (11 mars 2003), disponible sur Internet : www.nytimes.com/2003/03/11/international/middleeast/11ABBA.html.

18. Cf. Rudoren, Jodi : « Mahmoud Abbas shifts on holocaust », *New York Times* (26 avril 2014), disponible sur Internet : www.nytimes.com/2014/04/27/world/middleeast/palestinian-leader-shifts-on-holocaust.html?_r=0.

19. Mishal, Shaul/Sela, Avraham : *The Palestinian Hamas. Vision, Violence and Coexistence*. New York, éd. Columbia University Press, 2006.

20. Cohler-Esses, Larry : « Hamas wouldn't honor a treaty, top leader says », *The Jewish Daily Forward* (19 avril 2012), disponible sur Internet : forward.com/articles/155054/hamas-wouldn-t-honor-a-treaty-top-leader-says/?p=all.

Quand le ressentiment devient vertu

1. Toby, Jackson : *The Lowering of Higher Education in America. Why Financial Aid Should be Based on Student Performance.* Santa Barbara, éd. Praeger, 2012.

2. Sloterdijk, Peter : *Colère et temps. Essai politico-psychologique* (titre original allemand : *Zorn und Zeit. Politisch-psychologischer Versuch*, 2006). Paris, éd. Maren Sell, 2007.

3. Nietzsche, Friedrich : *La Généalogie de la morale* (titre original allemand : *Zur Genealogie der Moral,* 1887). Paris, éd. Garnier-Flammarion, 2000.

4. Sloterdijk, Peter : *Tu dois changer ta vie* (titre original allemand : *Du mußt dein Leben ändern. Über Anthropotechnik*, 2010). Paris, éd. Maren Sell, 2011.

5. Cf. Strenger, Carlo : *The Quest for Voice in Contemporary Psychoanalysis.* Madison, éd. International Universities Press, 2002, chapitre 6.

6. Pew Research : « The global religious landscape » (18 décembre 2012), disponible sur Internet : www.pewforum.org/2012/12/18/global-religious-landscape-exec/.

Religion et mépris civilisé

1. Jan Assmann a développé une théorie intéressante disant que les religions abrahamiques sont des contre-religions qui nient toutes les religions précédentes ; cf. Assmann, Jan : *Moïse l'Égyptien. Un essai d'histoire de la mémoire* (titre original allemand : *Moses der Ägypter. Entzifferung einer Gedächtnisspur*, 1997). Paris, éd. Aubier, 2001.

Notes

2. Ces dates ne sont plus guère contestées dans l'exégèse de la Bible ; cf. Friedman, Richard Elliot : *Who Wrote the Bible?*. New York, éd. Harper, 1987.

3. La meilleure critique du concept de miracle reste toujours celle de David Hume : *Dialogues sur la religion naturelle* (titre original anglais : *Dialogues Concerning Natural Religion*, 1779). Paris, éd. Vrin, 1987.

4. Meacham, Tirza : « Legal-religious status of jewish female », encyclopédie online de la Jewish Women's Archive, disponible sur Internet : http://jwa.org/encyclopedia/article/legal-religious-status-of-jewish-female.

5. On peut trouver une méta-analyse de la recherche chez Hyde, Janet Shibley : « The gender similarity hypothesis », *American Psychologist* (septembre 2005), p. 581-592, disponible sur Internet : www.wisebrain.org/papers/GenderSimilarities.pdf.

6. Cf. Hyde, Janet Shibley : « Gender similarities and differences », *Annual Review of Psychology*, n° 65, 2014, p. 373-398.

7. On trouve des résumés de ces résultats empiriques chez : Colom, Roberto/García, Luis F./Juan-Espinosa, Manuel/Abad, Francisco J., « Null sex differences in general intelligence. Evidence from the WAIS-III », *The Spanish Journal of Psychology*, 5/1 (2002), p. 29-35 ; Aluja-Fabregat, Anton/Colom, Roberto/Abad, Francisco J./ Juan-Espinosa, Manuel, « Sex differences in general intelligence defined as g among young adolescents », in : *Personality and Individual Differences*, 28/4 (2000), p. 813-820.

8. AFP, « Le pape admet l'usage du préservatif contre le VIH », disponible sur Internet : www.lefigaro.fr/internationa l/2010/11/20/01003-20101120ARTFIG00394-le-pape-admet-l-usage-du-preservatif-dans-certains-cas.

9. Weller, Susan C./Davis-Beaty, Karen R : « Condom effectiveness in reducing heterosexual HIV transmission (review) », in : *The Cochrane Library* 4/2007, disponible sur Internet : http://apps.who.int/rhl/reviews/langs/CD003255.pdf.

10. Bradshaw, Steve : « Vatican : Condoms don't stop AIDS », *The Guardian* (9 octobre 2003), disponible sur Internet : www.theguardian.com/world/2003/oct/09/aids.

11. Dawkins, Richard : *Pour en finir avec Dieu* (titre original anglais : *The God Delusion*, 2006). Paris, éd. Perrin, 2009.

12. Dennett, Daniel C. : *Breaking the Spell. Religion as A Natural Phenomenon* [non traduit : « Rompre le charme. La religion comme phénomène naturel »]. Londres, éd. Viking, 2005.

13. Hitchens, Christopher : *dieu n'est pas Grand* (titre original anglais : *God Is Not Great. How Religion Poisons Everything*). Paris, éd. Belfond, 2009.

14. Eagleton, Terry : *Culture and the Death of God.* New Haven, éd. Yale University Press, 2014.

Supporter les offenses

1. Karel, William/Manera, Livia : *Philip Roth. Unmasked*, film documentaire (États-Unis, 2013).

2. Cf. Avishai, Bernard : *Promiscuous. « Portnoy's Complaint » and our Doomed Pursuit of Happiness.* New Haven, éd. Yale University Press, 2012.

3. *Ibid.*

4. On peut trouver un choix de unes particulièrement hostiles à la religion dans l'article de Krule, Miriam : « Charlie Hebdo's most controversial religious covers explained », *Slate* (7 janvier 2015), disponible sur Internet sous : www.slate.com/blogs/browbeat/2015/01/07/charlie_hebdo_covers_religious_satire_cartoons_translated_and_explained.html.

Notes

La passion de la liberté

1. Ferguson, Niall : *Civilisations. Nous et le reste du monde* (titre original anglais : *Civilization. The West and the Rest*, 2011). Paris, éd. Saint-Simon, 2014.

2. Cole, Jonathan R. : *The Great American University. Its Rise to Preeminence, its Indispensable National Role, why it Must be Protected.* New York, éd. Public Affairs, 2012.

3. Lukes, Steven/Hollis, Martin (éd.) : *Rationality and Relativism.* Cambridge (Mass.), éd. MIT Press, 1982.

4. Arendt, Hannah : *Les Origines du totalitarisme, op. cit.*

5. Horkheimer, Max et Adorno, Theodor W. : *La Dialectique de la raison* (titre original allemand : *Dialektik der Aufklärung. Philosophische Fragmente*, 1947). Paris, éd. Gallimard, 1974.

6. Mosse, George L. : *La Révolution fasciste. Vers une théorie générale du fascisme* (titre original anglais : *The Fascist Revolution. Toward a General Theory of Fascism*, 2000). Paris, éd. Le Seuil, 2003.

7. Sternhell, Zeev : *Les Anti-Lumières. Du XVIIᵉ siècle à la guerre froide.* Paris, éd. Fayard, 2006.

8. Gay, Peter : *Le Suicide d'une République. Weimar, 1918-1933* (titre original anglais : *Weimar Culture. The Outsider as Insider*, 1968). Paris, éd. Calmann-Lévy, 1993.

9. Gellner, Ernest : *Nations et nationalisme, op. cit.*

10. Habermas, Jürgen : *Le Discours philosophique de la modernité* (titre original allemand : *Die Moderne. Ein unvollendetes Projekt*, 1980). Paris, éd. Gallimard, 1988.

11. Cf. l'utilisation du concept de « solution finale » dans « Deux concepts de liberté » d'Isaiah Berlin, texte de sa leçon inaugurale à l'université d'Oxford, 1958.

12. Popper, Karl : *La Société ouverte et ses ennemis* (titre original anglais : *The Open Society and Its Enemies*). Paris, éd. Le Seuil, 1979.

13. Isaiah Berlin : « Deux concepts de liberté », *op. cit.*

14. Kupchan, Charles : *No One's World. The West, the Rising Rest, and the Coming Global Turn*. Oxford, éd. Oxford University Press, 2012 ; Kissinger, Henry : *World Order, op. cit.*

15. Braudel, Fernand : *Grammaire des civilisations, op. cit.*

16. Nietzsche, Friedrich : *Ainsi parlait Zarathoustra, Prologue, § 5* (titre original allemand : *Also sprach Zarathustra*). Paris, éd. Librairie française générale, 1972.

17. Fukuyama, Francis : *La Fin de l'histoire et le Dernier Homme, op. cit.*

18. Barber, Benjamin : *Comment le capitalisme nous infantilise* (titre original anglais : *Consumed. How Markets Corrupt Children, Infantilise Adults and Swallow Citizens Whole*, 2007). Paris, éd. Fayard, 2007.

19. Bruckner, Pascal : *L'Euphorie perpétuelle. Essai sur le devoir de bonheur*. Paris, éd. Grasset, 2000.

20. Strenger, Carlo : *La peur de l'insignifiance nous rend fous, op. cit.*

21. Israel, Jonathan : *Les Lumières radicales, op. cit.*

Table

❖ ❖ ❖   l'esprit d'ouverture   ❖ ❖ ❖

Collection dirigée par Fabrice Midal

David Deida
L'Urgence d'être. Zen et autres plaisirs inattendus, 2009

Norman Doidge
Les Étonnants Pouvoirs de transformation du cerveau.
Guérir grâce à la neuroplasticité, 2008

Stefan Einhorn
L'Art d'être bon. Oser la gentillesse, 2008

Robert Emmons
Merci ! Quand la gratitude change nos vies, 2008

Les Fehmi et Jim Robbins
La Pleine Conscience. Guérir le corps et l'esprit par l'éveil
de tous les sens, 2010

Erich Fromm
L'Art d'aimer, 2015

Gerd Gigerenzer
Le Génie de l'intuition. Intelligence et pouvoirs
de l'inconscient, 2009

Christopher Hitchens
dieu n'est pas Grand. Comment la religion empoisonne tout,
2009

Russell Jacoby
Les Ressorts cachés de la violence. D'Abel et Caïn à nos jours,
2014

Ursula James
La Source. Manuel de magie quotidienne, 2012

Dan Josefsson et Egil Linge
Du premier rendez-vous à l'amour durable. Identifier
ses problèmes relationnels, se libérer de l'insécurité affective,

*vaincre la peur de l'engagement et construire enfin
une relation durable*, 2012

Jack Kornfield
Bouddha mode d'emploi, 2011
*Une lueur dans l'obscurité. Comment traverser les temps
difficiles grâce à la méditation*, 2013
La Sagesse du cœur. La méditation à la portée de tous, 2015

Satish Kumar
Tu es donc je suis. Une déclaration de dépendance, 2010

John Lane
*Les Pouvoirs du silence. Retrouver la beauté, la créativité et
l'harmonie*, 2008

Martha Lear
*Mais où sont passées mes lunettes ? Comment gérer
au quotidien les petits troubles de la mémoire*, 2009

Roberta Lee
SuperStress. La solution, 2011

Dzogchen Ponlop Rimpoché
Bouddha rebelle. Sur la route de la liberté, 2012

Richard David Precht
Qui suis-je et, si je suis, combien ? Voyage en philosophie,
2010
Amour. Déconstruction d'un sentiment, 2011
L'Art de ne pas être un égoïste. Pour une éthique responsable,
2011
*Pourquoi j'existe ? Et autres leçons de philosophie pour
les enfants curieux*, 2014

Mark Rowlands
*Le Philosophe et le Loup. Liberté, fraternité, leçons du monde
sauvage*, 2010

Gretchen Rubin
Opération Bonheur. Une année pour apprendre à chanter, ranger ses placards, se battre s'il le faut, lire Aristote... et être heureux, 2011

Sharon Salzberg
Apprentissage de la méditation. Comment vivre dans la plénitude, 2013
L'amour qui guérit, 2015

Brenda Shoshanna
Vivre sans peur. Sept principes pour oser être soi, 2011

Adam Soboczynski
Survivre dans un monde sans pitié. De l'art de la dissimulation, 2011

Carlo Strenger
La peur de l'insignifiance nous rend fous. Une quête de sens et de liberté pour le XXIe siècle, 2013

Chade-Meng Tan
Connectez-vous à vous-même. Une nouvelle voie vers le succès, le bonheur (et la paix dans le monde), 2014

Thich Nhat Hanh
Prendre soin de l'enfant intérieur. Faire la paix avec soi, 2014

Peter M. Wayne
Taï-chi : la méditation en mouvement. Une approche scientifique pour un art millénaire, 2014

Composition et mise en pages
Nord Compo à Villeneuve-d'Ascq

Cet ouvrage a été achevé d'imprimer en décembre 2015
dans les ateliers de Normandie Roto Impression s.a.s.
61250 Lonrai (Orne)
N° d'impression : XXX
Dépôt légal : janvier 2016

Imprimé en France

CPSIA information can be obtained
at www.ICGtesting.com
Printed in the USA
BVHW031433310121
599194BV00003B/52